マドンナメイト文庫

禁断告白スペシャル 背徳の相姦体験——田舎に残る禁忌と秘習

素人投稿編集部

第三章◈罪深き牡の猛りと姦淫に溺れる牝の性

第四章◈背徳の肉悦を求める果てなき女の淫欲

※本書に掲載した投稿には、読みやすさを優先して、編集部でリライトしている部分もあります。なお、投稿者・登場人物はすべて仮名です。

第一章

自らの肉体で我が子に女を教える悦び

背徳の相姦体験——
田舎に残る禁忌と秘習

息子の十六歳の誕生日に行われる儀式
完熟の肉体で女を教え込む母の欲情

石川佳美　専業主婦・五十一歳

私が初めて息子とセックスしたのは、ちょうど十年前、四十一歳のときでした。その日は息子の十六歳の誕生日でした。

私が二十四歳で嫁《とつ》いだ主人の地元は、冬は雪深い東北の農村です。嫁いだ翌年には息子を出産しました。すると、主人が真顔で話しはじめたんです。

「なぁ、佳美《よしみ》、息子が生まれだがらには、言っておがねっかなんねえな。この土地には、ずっと昔がら伝わる風習があんだっけな。よぐ聞いどげよ」

確かに大昔から何も変わっていないような田舎ですが、最初に聞かされたときは、さすがにそんなことはあるはずがないと信じられませんでした。

だって、その風習というのが、息子が十六歳の誕生日を迎えたら、母親が息子を一人前の男にする「儀式」を行わなければならないというものだったんです。つまり母子貫通です。母親が身をもって息子に女を教えるのだと……それ以後、主人がそのことを口にすることはありませんでした。でも、そんな冗談を言う人ではありませんし、私はずっと心に引っかかっていたんです。

息子はすくすくと育ってくれました。成長する姿がかわいくて仕方ありませんでした。息子が三歳のときには娘も生まれて、主人も農作業の合い間を見て子育てに協力してくれました。義父母を加えた六人家族の楽しい日々でした。

ところが、息子の十六歳の誕生日が近づいてくると、主人とお義父《とう》さんがあれこれと準備を始めたんです。神棚をきれいにして、しめ縄をつけ、真新しい布団、白装束《しろしょうぞく》を用意して、まるで厳《おごそ》かな神事に臨むかのような雰囲気でした。

ええ、あの「儀式」が始まろうとしていたんです。

「あんた、私、ほんとうに佳央《よしお》と……？」

男の子は母親から一字受け継ぐのも、このあたりの習わしでした。

「ああ。生まれだどぎに、そう言ったべ」

「ん、んだら、あんたも十六のとき、お義母《かあ》さんとしたのげ？」

「んだってば。この村の男衆は、みんなそうだがら」

あの明るくて働き者のお義母さんが、若かりし主人と……それで私は、自分の意思ではどうすることもできないのだと、覚悟ができたような気がします。

すると私の中に、不思議な感情が生まれたんです。大好きな息子の初めての女になれるのですから、これはとても幸せなことなんじゃないかって。

そして、いよいよ息子の誕生日当日になりました。息子も聞かされていたようで、部活を休んでいつもより早く高校から帰ってきました。

息子が風呂で身を清め、精進料理で腹を満たす間、私は神棚の前に敷かれた真新しい布団の上に、白装束で正座していました。やがて息子も白装束を着てやってきました。布団に並んで横になると、息子が震えていました。

「緊張しなぐていいんだがらな。誰だって最初は初めでなんだがら」

「う、うん、わがった」

私は息子におおい被さるようにして、両頬を手で押さえ、顔を近づけていきました。鼻先がふれそうな距離に、息子の真っ赤な顔がありました。

「ん、いっ……うぐ」

ガチガチに力の入った息子の唇に、ゆっくりと唇を重ねました。

「女はみんなキスが好きだがら、彼女ができだら、いっぱいしてあげんだよ」

息子はコクコクと何度もうなずきました。私は再び唇を重ねて、吸いつき、こすりつけていきました。唇の合わせ目を舌でなぞっていると、息子の唇が開いていきました。私はすかさずその中に舌を突き入れて、歯と歯茎の間から口腔の奥までかき回し、アタフタする息子の舌を追いかけ回して絡みつけました。

「はぅ、クチュ、グチュッ……」

息子の背中に腕を回して抱き締めると、熱い体温が伝わってきました。

「ねえ、佳央も……抱いで」

ぎこちなく腕を回してきた息子に、私は体を預けました。胸もお腹も下腹部のあたりも密着しました。キスをしながら、お互いの背中に両手を回して、抱き締め合い、まさぐり合いました。舌の動きも激しくなっていきました。

大きくなったペニスが私の股間を押し返してきました。私たちは白装束の下には何も着けていなかったので、とてもはっきりと伝わってきたんです。

「当だってるよ、佳央……カチカチだ」

そう言って私は、白装束越しの恥骨のふくらみでペニスをこすり上げました。

「ううっ、そ、そんなごど……」

息子の背中をなで回していた両手を尻まで這いおろして、グイグイと引っぱり寄せました。若々しいペニスの感触をもっと味わいたかったんです。私は激しく腰を振り、股間の土手とペニスをこすり合わせながら、再び唇を重ねました。

息子の舌を自分の口の中に呑み込んで、ピストンのように出し入れしました。

「グジュッ、グジュジュッ、ジュバッ……」

すると息子が自ら両腕を伸ばして、私のお尻をもんできたんです。ムニュッ、ムニュッともみながら、二つに割れたお尻の肉を互い違いにこね回しました。若い力でもみくちゃにされて、私は全身がゾクゾクと粟立ちました。

「あッ、あッ、佳央、そんなに……」

「女の人のケツって、こんなにやっこいんだね」

私は自分が興奮しているのをごまかすように、こう尋ねました。

「佳央、おっぱいもさわってみでえが？」

コクコクとうなずく息子の両手を、白装束の襟《えり》から中へと誘っていきました。

「おっぱいは、やさしぐさわってな」

息子を一人前にする儀式なんだから、感じちゃいけないと思っても、私の乳首やアソコ、全身がすごく敏感になっていました。

「乳首がコリッとしてんべ。つまんで、いじって」

「うん」と言った息子が、両乳首を親指と中指で転がしてくれました。

「アアン、じょうずだな、佳央……かあちゃん、気持ぢいいよ」

クリクリとこね回されて、私はもう我慢できませんでした。両手を息子の下腹部にスーッとおろして、白装束の袷《あわせ》の布を左右に広げてしまいました。すると、勃起したペニスが弾けるように飛び出して、そそり立ったんです。

「こ、これなら十分……立派なもんだっぺ」

大きく張った亀頭の先っぽに、我慢汁がしずくを作っていました。私は息子の顔と亀頭、交互に視線を走らせながら、我慢汁をペニスに塗り込みました。

「いっ！　うっ！　き、気持ぢいいッ」

我慢汁でヌルヌルになったペニスを、両手で互い違いに握ってしごきました。ヌチャッ、ヌチャッとねばつた音が神棚まで響いているようでした。

「かあちゃん、待って。すぐ出ちゃいそうだ」

「じゃあ、佳央もかあちゃんの、さわってみっか？」

私は白装束のすそを大きく割って、息子の右手を中へと導いていきました。恥骨のふくらみをおおった息子の手を、私はさらにその上から包んで、さわり方を教えるように指先を動かしました。関節を曲げ伸ばしして、回転させました。

「かあちゃんのベッチョ、どうなってる？」

「す、すごく熱くて、ヌルヌルっつーが、ネチョネチョっつーが」

息子のぎこちない指先に、私の興奮はさらに上昇していきました。女を教える儀式だから、ちゃんと本性を教えてあげようと口にしました。

「女がエッチになってる証拠だがらな。男が勃起するのと同じで、女はベッチョが濡れんだっぺな。佳央ら男子がら見っと、女子は清潔に見えっかもしんねえげど、思春期になれば、みんなベッチョ濡らして、自分でさわってんだがら」

その瞬間、私が左手で握っていた息子のペニスが、ビクビクッと弾みました。

「でもな、女子は恥ずがしいがら、そんなごど言わねえんだ。スケベな自分をさらけ出すのは、セックスする相手の前だげなんだ。女がいっぱいスケベになれるように、感じさせてやんのも、男の役目だがらな」

「う、うん……わかった」

それから私は、右手で佳央の中指をクリトリスに誘導していきました。

「ほら、こごに、コリッとしたとこがあるべ？　……あうッ」

勃起して剝き出したクリトリスは、わずかにふれただけで電流が走るほど過敏になっていました。指にこすりつけるように腰を振ってしまいました。

「こ、ここ……ここが、女を狂わせるスイッチだがら。これからセックスするときは、いっぱいさわってあげんだぞ。そ、そう、そうやって……ああうぅ」

息子のクリトリス愛撫でイキそうになった私ですが、息子に女を教える目的を思い出して、気持ちをととのえ直してこう言いました。

「かあちゃんのベッチョ……見でえが？」

息子は頭をコクリと縦に振りました。息子におおい被さっていた私は、白装束を脱ぎ捨て、布団の上に座って両脚をM字に開きました。すると息子も白装束を脱いで、這いつくばるように開いた内腿の間に顔を突っ込んできました。

「は、恥ずがしいげど、ちゃんと見でいいよ」

そう言って私は、両手を股間に這いおろし、小陰唇を左右に広げました。

「なんだがわがんねえげど、すげえ、すげえ興奮する!」

息子がさっき教えたクリトリスに指を押し当て、こすりつけてきました。

「ヒイ、んだよ、そごが女のスイッチだ。そのまま舐めでみな」

息子のクンニのぎこちなさが、さらに私を興奮させました。グイグイと腰をしゃくり上げて、息子の口にヴァギナをこすりつけました。グチャグチャ、ベチャベチャという音が響いて、私はもう我慢できませんでした。

「なあ、佳央、そろそろ入れでみっか」

そう言って私は、布団の上にあおむけになって、膝を立て、内腿を大きく開き、受け入れの体勢をとったんです。息子が鼻息を荒くして、私の脚の間に腰を埋《うず》めてきました。私は股間に手を伸ばして、亀頭が膣口にハマるように位置を調整しました。息子が腰を押し出すと、グチュッと入ってきました。

「入ったよ、佳央……あんん、すごぐ硬いぃ!」

「これが、女の人の……すげえ、気持ぢいい、ああっ!」

それが男の本能なのでしょう、入った瞬間、やみくもに腰を振ってペニスを出し入れしてきました。私が「ちょっと待って」と言っても、犬の交尾のように、ものすごい速さでカクカクと動く腰を止めようがありませんでした。

「うくッ、も、もう……出る！」

勢いよく私の中に発射された精液が、膣奥に当たるのがわかりました。

「なんだが、こんなにすぐ……かあちゃん、ごめん」

「いいんだって、最初はみんなそう。ちょっと立ってみな、佳央」

全裸で仁王立ちになった息子の股間には、まだ硬いままのペニスがそそり立っていました。息子の精液と私の愛液が混じり合って、ねっとりと濡れていました。

私は躊躇《ちゅうちょ》なくそれを口に咥えてしまいました。

「そ、そんな……かあちゃん、いっ、ああっ！」

亀頭のずっと奥まで咥え込むと、私の口の中はペニスでいっぱいになりました。

唾液を溜め、ハトのように首を振って、ペニスを唇でしごきつけました。

グチャッ、ジュブッ、ブジュッとことさらにねばった音を響かせ、糸を引く唾液を滴《したた》らせながら、一心にフェラチオする淫らな女の顔を見せつけたんです。

「あぁっ、かあちゃん、まだ……出っちまうって」

息子の情けない声に、私はヌルッとペニスを吐き出しました。

「今度はかあちゃんが上になって、佳央のチ○ボコ出し入れすっからね」

そう言って私は、騎乗位で挿入したんです。しかも内腿が水平になるほどがに股になって、膝に手を置き、上下に腰を動かしました。グチャッ、グチャッと挿入の音を響かせながら、息子のペニスが膣穴深くに突き刺さっていきました。

「よぐ見て、佳央。こんなに入ってってっぺね」

「うん、うん、かあちゃん、俺、頭がおがしくなりそうだ」

それを聞いた私は膝を布団に着いて、息子の腰にがっちりと跨《また》がりました。それから、まるで競馬の騎手のように腰を使い、全身を躍動させて、出し入れさせたんです。全身から汗が噴き出し、滝のように流れました。

「あッ、すごぐ気持ちいいッ!」

私はそれが「儀式」だということも忘れて、夢中で腰を動かしました。

「佳央のチ○ボコが、かあちゃんのベッチョの中で暴れでるって」

「あっ、ううっ……出っちゃう、まだ出るってば」

「いいよ、佳央、いっぺえ出しな」

二度目の射精は、最初の射精よりも深く、長く、私も全身をビクビクさせてイッてしまったんです。生まれて初めて女に挿入したペニスで……。

息子とのセックスが、どんなに刺激的で興奮しても、それは一生に一度きりのこと。それも村のしきたりでした。だから私はずっと我慢してきました。

ところが今年、私はまた息子とセックスしてしまったんです。

あの「儀式」のあと、高校を卒業した息子は、東京の大学に進学して、そのまま就職もして、二十六歳になってすぐ結婚しました。いわゆる授かり婚だったのですが、お嫁さんに流産の恐れがあるので入院することになったんです。

私が上京して、しばらく息子夫婦のマンションで暮らすことにしました。家事をしたり、お嫁さんの病院に行ったり……ええ、夜は息子と二人きりでした。

すると上京三日目のことでした。私が風呂を出ると、息子に夫婦の寝室に連れていかれたんです。にじり寄って真剣な表情で迫ってきました。

「かあちゃん、俺、ずっと忘れられないんだ」

「何言ってんだべ、佳央、あんたはもう結婚してんだよ」

そう言いながら、私は強く拒否することができませんでした。

男らしい力で抱き寄せられると、しなだれかかるように身をまかせてしまいました。強引に重ねてきた唇を、自分も求めるようにあごを出していました。

十年ぶりのキスは最初から舌が絡まりました。お互いの舌が口の中を行ったり来たりして、激しくむさぼり合いました。それだけで私の体はトロトロにとろけてしまいました。性器から愛液が溢れているのが、はっきりとわかったんです。

どうなっちまうんだろう、私……そう思っていると、息子がパジャマのズボンとパンツを脱ぎ去りました。二人の間にビンとペニスがそそり立ちました。

私は驚きと興奮で、息子の顔とペニス、交互に何度も視線を向けました。息子のペニスはあのときとは比べ物にならないほど、節くれだってカリ首の出っ張りも大きくなっていました。やがて私はペニスから目が離せなくなりました。

そして、仁王立ちの息子の足元にしゃがんで、ペニスの根元に手を添え、引き寄せられるように亀頭に口を近づけていったんです。裏筋、カリ首、尿道口と突き出した舌を這わせました。舌を巻き上げるようにして舐め上げました。

「おおっ、やっぱり、かあちゃんは、すごくうまいんだな」

「やっぱり……って、どういうごと?」

「俺、あんときはわかんなかったけど、あのあと、それなりに経験して、かぁちゃんは女の中でも……かなりスケベなんじゃねえかって、思ってたんだ」

「ヤダもう、佳央ってば。そんなごどねえがんね」

「だって、こんなふうにエロいフェラチオする彼女、いなかったもん」

私は全身が熱くなり、乳首がピンと勃起するのを感じました。

「や、やめでってば……そんなごど言うの」

恥ずかしくてどうしようもなくて、夢中でしゃぶるしかなかったんです。するとペニスはさらに硬くなって、そり返るように亀頭が上を向きました。

頭を前後に振って、ヌメッ、ヌメッと熱いペニスに唇をこすりました。喉をうごめかせて唾液を口内に溜め、ときおり頬をキュッとすぼめて吸い上げました。

「くッ、はっ、すげえ、そんなに締められたら……」

私の口の中でビクビクとペニスが脈打ちました。私は両手で息子の太腿をつかむようにして、頭を動かし、唇から喉まで亀頭を前後させました。

「んんッ、うう、気持ちいぃ……かあちゃん！」

突然、息子が自分の太腿をまさぐる私の手を握って、グッと脚を踏ん張ったんです。そのまま腰を振って、私の口の中にピストンのようにペニスを出し入れしはじめました。前後に動く息子の腰つきは、どんどん激しくなりました。

「んぐっ、ううぐ、ぐふっ、ぐ……」

息子が腰を振るたびに、ジュボッ、ジュブッという音がして、泡立った私の唾液がペニスを伝わり、陰毛や睾丸にまでダラダラと流れていきました。

「かあちゃん、俺、もう我慢できねえ」

興奮で上気した顔の息子に、私は夫婦のベッドに押し倒されました。

「ヒッ」と小さく悲鳴をあげて、足をばたつかせると、寝間着の奥に息子の右手が入ってきました。そのままショーツの中にまで入れられてしまいました。

「もうヌルヌルじゃねえか、かあちゃん……」

最初にショーツを奪い取った息子は、次々と寝間着を脱がせて、あっという間に全裸にされていました。息子もTシャツを脱ぎ捨て全裸になりました。

「かあちゃんは、すごく感じやすいから、スケベなんだな」

そう言った息子が、私の乳房をムニュッともみしだきました。「乳首もピンピンになってるしな」と、親指と人差し指にはさんでクリクリと転がしました。

「やめで、かあちゃん、そんなにスケベじゃ……ああん」

息子は指で左の乳首を転がしたまま、唇を大きく広げて右の乳首に強く吸いつき、続けざまに舌で弾き上げてきました。それから乳房を両手でもみしだきながら、左右の乳首を交互にしゃぶり回してきたんです。

「ダメダメ、か、感じで……うぅ、そこ」

私の体はビクビクと痙攣して止まりませんでした。

すると息子が、あおむけの私のお尻を両手で抱えて、ググッと持ち上げていったんです。ヨガのポーズのように全身が丸まり、両足が自分の頭の上まで伸びていきました。息子は浮き上がった私の背中を、お腹に乗せるようにして体勢を支えました。私の股間が天井を向いて、息子の目の前にありました。

「やんだッ……こんな格好、恥ずかしすぎっぺ」

さらに息子は私の背中をお腹で押し込み、両膝の裏をつかんで左右に広げて脚をVの字に伸ばしていきました。脚の間から息子の興奮した顔が見えました。

「だ、だがら、そんなに広げねでってば」

「マングリ返し……かあちゃん、スケベだから興奮するだろ?」

私の下腹部、陰毛、小陰唇がぱっくりと口を開けた女性器がまる見えでした。

「こ、こんなの、おがしいって、やめで！」

淫らなマングリ返しの景色に、脳みそをかき回される気分でした。

「かあちゃん、ほら、こんなに濡れてるぞ」

私の顔をジッと見つめながら、息子がヴァギナに顔を埋めていきました。

いきなりのクンニでした。舌を突き出して、右側、左側と開いた小陰唇の内側を舐め上げて、ジュルジュルと音を立てて愛液を吸い上げていました。

「はっ、あうっ、恥ずがしいってば、そんなに……」

私は息子のいやらしいクンニから、目を離すことができませんでした。

やがて息子はヴァギナの割れ目を指で広げて、クリトリスを剝き出しました。両手の指でネチャッ、ネチャッと小陰唇を開いたり閉じたりしながら、勃起したクリトリスを何度も舌先で弾き上げてきました。しつこいほどに……。

「かあちゃん、感じてるみたいだな」

指と舌をフルに使ってヴァギナを責める光景を見せつけられて、私は気が狂いそうでした。「す、すげえ」と全身をひくつかせました。やがて自分の意思とは関係なく、ビクビクと肩が弾み、ブルブルと全身が震えていきました。

「イッ、イッぢまうよ！」

私が気をやると、すぐさま息子は右手の中指と薬指を膣口に押し当てて、ヌメヌメと埋め込んでいったんです。そのまま続けざまに突き入れてきました。

「ま、まる見えだって……あッ、そんな、あうッ！」

そのまま左手の四本の指を振ってクリトリスを弾いてきました。

「だめだってば……やだっ……あくぅ、気持ぢいぃ」

私は両腕を伸ばし、息子の太腿に指を食い込ませて、髪を振り乱しました。またたく間にさっき以上の快感に襲われて、マングリ返しの体が弾みました。

「あぁっ、まだ、イッぢゃう！」

何度も私の全身が痙攣を繰り返しました。息子も私も汗びっしょりでした。

「も、もう……許しでぇ、佳央」

「それじゃあ、チ◯ボコを入れるか、かあちゃん」

私は荒い息を繰り返しながら、コクリとうなずきました。

するど息子は、ベッドの中央で私を抱きかかえ、体育座りのような体勢で向き合い、膝を立て両脚をクロスさせる松葉崩しで挿入しようとしたんです。

「な、なんで、こんな格好なんだべ？」

「息子のチ〇ボコが入るところ、見たいだろ」

「あぁ、まだ、そんな恥ずかしいごと言って」

私はジッと待ち受けました。息子が握ったペニスが私の陰部に近づいてきて、亀頭が愛液まみれの割れ目に密着し、グチュグチュとかき回されました。

「いいな、かあちゃん、ちゃんと見てて」

私はゴクッと息を呑んでコクコクと首を振りました。息子が少しずつ腰を押し出して、カリの張った亀頭がヌメリ、ヌメリと小陰唇を押し広げていきました。やがてヌメヌメッと勢いよく、膣の奥までペニスが挿入されたんです。

私と息子がのぞき込む交差した脚の中心で、ヌルヌルのペニスが私の膣の中にゆっくりと根元まで埋まっては姿を見せていました。VTRのスロー再生のように、なまなましい挿入シーンが永遠に続くのではないかというほど繰り返されました。

「はぁ、はぁ、どうすっぺ……ベッチョ、気持ぢいいッ」

その直後、息子のペニスが勢いよく突き入ってきました。そして、まる見えの挿入シーンは、グチャッ、グチャッと激しい突き入れの連続になりました。

「ヒイッ、す、すごいーッ！」

「かあちゃん、俺が上になって……中に出すぞ」

私はベッドに寝かされ、息子が私の両足を肩に担ぐ屈曲位で、貫くように出し入れしてきたんです。十年前に私が女を教えた息子の佳央は、別人のように逞しい男になっていました。私は快感と感動で続けざまにイキました。

「あぁっ、イグイグ、佳央、かあちゃんのベッチョに出しでーッ」

「ングッ」と歯を食いしばるようなうめき声とともに、息子のペニスが弾け、私の膣奥深くに熱いかたまりが打ち当たってきました。何度も、何度も——。

そのあと、息子夫婦にめでたく男の子が生まれました。

東京に住んでいる息子のお嫁さんに、儀式のことを伝えても仕方がないのですが、息子を持った女としてけっして悪いことではないと思っている私は、風習を教えてあげようかどうか悩んでいます。

村に伝わる筆おろしの言い伝えにならい奥手な甥の猛々しい肉棒を秘部へ誘って

勝村志津子　専業主婦・四十四歳

東海地方の、とある村に住んでいます。

この村では昭和三十年ごろまで筆おろしの儀式があったそうで、女性は童貞と関係を持つと若返るという迷信がまことしやかに語り継がれていました。

勝村《かつむら》家は先祖代々の庄屋で、村の自治一般を司《つかさど》り、私は二十年前に隣村から勝村家の長男のもとに嫁ぎました。

去年の暮れ、義父の三回忌のときのお話です。他県に嫁いだ夫の姉・頼子《よりこ》さんが、ひとり息子の正太《しょうた》くんを連れて参列しました。私にとっては、義理の叔母と甥の関係になります。

正太くんは二十二歳、とても素直な青年ではあるのですが、引っ込み思案《じあん》で女性にもてるタイプとは思えませんでした。

法事といっても、まるで宴会のような雰囲気で、女性陣は酒や食事の準備で大忙し。ようやくひと息ついたころ、頼子さんから声をかけられ、母屋《おもや》の裏手に連れ出されました。

彼女はとても気性が荒く、何か粗相《そそう》でもして注意を受けるのではないかとビクビクしていました。

「実は……あなたに頼みたいことがあるの」

「は？」

「正太のことなんだけど……」

彼の初体験の相手になってほしいと言われたときは、驚きのあまり呆然《ぼうぜん》とし、聞き違いかと思いました。

よくよく話を聞くと、大学の好きな女の子に告白したものの、こっぴどく振られて意気消沈しているとのこと。

自信をとり戻させるためにも、ぜひ協力してほしいと懇願されたんです。

「ほら、あの子、異性にモテるタイプじゃないでしょ？　もしかすると、このまま一生女の子に縁がないんじゃないかと心配なのよ」

親バカと言ってしまえばそれまでですが、まさか実の母親が息子に女をあてがおうとは……。

「いや、でも、私と正太くんは叔母と甥の関係ですし……」

「血はつながってないし、いいじゃないの。それに……もう一つ、心配してることがあるの」

「な、なんですか？」

「もう大人だから、いやらしいビデオを観るのはいいんだけど、その……少女ものが多くて……」

「えっ!?」

「だからね……大人の女性のすばらしさを知ってほしいし、あなたが適任じゃないかと思ったの。ほら、正太が子どものころ、あなたにやたらまとわりついてたじゃない。どうやら、あなたが初恋の人みたいなのよ」

「そ、そう言われても……」

気まずげに目を伏せると、頼子さんは意味深な笑みを浮かべて言いました。

「この村に伝わる習わし、知ってるでしょ?」

「な、なんでしょう?」

「筆おろしの儀式よ」

「で、でも、それは昔の話ですよね?」

「あら、完全になくなったなんて、誰が言ったの? とにかく、お願い! あの子、三日間泊まっていくから、その間に……ね?」

「あっ、こ、困りますぅ」

ひたすら困惑するなか、頼子さんは喪服の襟の間に封筒を無理やり差し入れました。

「あなただって、若い男のエキスを吸って若返るんだから、いい機会じゃない。じゃ、頼むわね」

彼女は言いたいことだけ言ってその場を去り、私はただあっけにとられるばかりでした。

なんと、自分勝手な人なのか。

封筒を開けると、一万円札が十枚も入っていて、二度びっくりしました。

もちろん、こんな不道徳な頼み事を聞き入れるわけにはいきません。

お金を返そうとしたのですが、頼子さんは身内のそばから離れようとせず、正太くんを残したまま勝村家をあとにしてしまったのです。

お金は彼のほうから返してもらうしかないのですが、どう切りだせばいいのかわからず、悩んでいる間に一日目が過ぎてしまいました。

正太くんと禁断の関係を結ぶ決意を固めたのは、彼が翌日に中学生の二人の娘と散策に出かけたときのことでした。

少女趣味があると聞かされていただけに、いまごろは手を出されているんじゃないかと、とにかく不安で生きた心地がしませんでした。

娘たちが明るい笑顔で帰宅したときは、どれだけホッとしたことか。

それでも正太くんは二人に舐めるような視線を向けており、背筋がゾクリとしました。

「……正太くん」

「あ、はい」

「話があるんだけど、いいかしら？」

「え、ええ」

「今夜十一時、蔵まで来て？　入り口の鍵ははずしておくから」

「じゅ、十一時ですか？」

「誰にも聞かれたくない話があるの」

「はい……わかりました」

彼は首を傾《かし》げたものの、了承してくれ、逆に私のほうが心臓が口から飛び出そうなほど緊張しました。

その日は何をしていても心ここにあらずという感じで、気持ちは完全に浮《うわ》ついていたと思います。

浴室で体を清めたあと、なぜか女の芯が熱くほてりました。

夫とは、浮気が発覚した五年ほど前から寝室を別にしており、長い間セックスレスだったことも影響していたのかもしれません。

不安と期待が入り混じり、化粧する指が小刻みに震えていました。

家人に気づかれぬよう、私は普段着にカーディガンを羽織り、居間の裏口をこっそり出て蔵に向かいました。

そして扉を音を立てずに開け、通気口の小さな窓から射し込む月明かりを頼りに突き進んだんです。

奥のスペースには古い家具類が置かれており、裸電球の明かりをつけると、四人がけのソファが目に入りました。

すでに夕方のうちに埃《ほこり》は払い落としていたのですが、蔵の中のカビくささだけはどうしようもありません。

さりとて家の中で不謹慎な行為をする度胸はありませんし、時期を考えれば、外で誘惑するわけにもいかず、どうしてこんなことにと、やるせない気持ちになりました。

「……はあ」

深い溜め息をついたところで扉を開ける音が聞こえ、スウェット姿の正太くんが姿を現しました。

「お、叔母さん」

「こっちよ。誰にも気づかれなかった?」

「ええ、でも……話って、いったいなんです?」

彼が歩み寄ると、私は手をとり、ギュッと握りしめました。

「実はね……」

夫が浮気した事実とさびしい気持ちを正直に伝えると、正太くんは目を見開き、そわそわと落ち着きなく肩を揺すりました。

「いまだに腹が立って、いつかお返ししたいと思ってたの」

「あ、あの……」

すでに何かを察したのか、頬を染めた顔が胸をときめかせ、まちがいなく童貞だと確信しました。

若い男のエキスを吸って若返る――。

義姉の話を信用したわけではないのですが、あのときの私はすっかりその気になってしまい、もはや後戻りする気持ちは消え失せていました。

しかも、スウェットパンツの中心部がいつの間にか小高いテントを張っているではありませんか。

迷うことなく股間のふくらみに手を這わせると、正太くんは肩をビクリとふるわせ、顔をトマトのように真っ赤にさせました。

「あ、お、叔母さん……そんな」

「じっとしてて」

ゆっくりなでさすると、男の分身はどんどん硬くなり、逞しいみなぎりを見せつけました。

「すごいわ……こんなになって」

「ぼ、ぼく、その……初めてなんです」

「まあ、そうなの」

もちろん、私自身も童貞を相手にするのは初めてのことです。

スウエットのウエストから手を差し込み、おチ〇チンをじかにさわると、正太くんは目をとろんとさせ、腰を引きながら湿った吐息をこぼしました。

「あ、ああっ」

「見ていい?」

私もすっかり昂奮してしまい、声が完全に上擦っていたと思います。

腰を落としつつ、スウエットをトランクスごと引きおろすと、勃起したペニスが反動をつけて跳ね上がり、先走りの汁が目と鼻の先で翻《ひるがえ》りました。

なつかしい牡のにおいがふわんとただよい、理性が一瞬にして吹き飛びました。

まるまるとした亀頭、がっちりえらの張ったカリ首、ミミズをのたくらせたような血管。これほどの昂《たかぶ》りを目にしたのは、いつ以来のことか。

私はためらうことなく胴体に指を絡め、シュッシュッとしごきました。

「あっ、お、おおっ」

泣きそうな顔で腰をよじる正太くんがとてもかわいくて、すでに女の園も大量の愛液でぬめり返っていました。

「だめっ、だめです」

「何が、だめなの？」

意地悪く問いかけると、彼は口をへの字に曲げ、腰をぶるっとふるわせました。

なんと、指だけであっけなく射精を迎えてしまったのです。

「あ、ぐっ、ぬうっ」

「きゃっ！」

濃厚な精液が頭を飛び越えるや、私はあわてて身をずらし、脈動を繰り返すおチ〇チンをしごきつづけました。

若い男性の射精って、ほんとうにすごいんですね。量の多さはもちろん、飛距離もすごくて、二発三発四発と立てつづけに放出し、いったいどれだけ出すのかとドキドキしました。

「はあはあ、はあっ」
七、八回は射精したでしょうか。噴出がストップすると、正太くんは足をガクガクさせ、ソファに腰を落としました。
驚いたことに、おチ○チンはまだおっ勃《た》ったまま。少しもなえないのですから、精力の凄《すさ》まじさには啞然《あぜん》呆然とするばかりでした。

「下のほう、脱いじゃいましょ」

「……あ」

私はズボンとパンツを足首から抜き取り、下半身を剝き出しにさせました。

「寒くない?」

「だ、大丈夫です……熱くて、体が火の玉のようです」

「私もよ」

脱いだカーディガンをソファの端にかけ、正太くんのとなりに腰をおろすと、さっそく唇を奪いました。

そして手をとり、当然のごとくバストに導いたんです。

「ん、ん、むふぅ」

彼が鼻から荒々しい息を吐き、ぎこちない手つきで胸をもみしだく最中、私は口を大きく開けて舌を差し入れ、唾液をじゅっじゅっと吸いました。

身をこわばらせる姿が、これまたとてもかわいいんです。

私は顔を左右に振りながら舌を絡め、激しいディープキスで互いの性感を高めました。

「ぷふぁ」

ころあいを見はかり、唇をほどくと、精液にまみれたおチ〇チンがまたもや熱い脈を打ちました。

「ひょっとして、キスだけでイキそうなの？」

「あ、ああ……すごく昂奮しちゃって……ぼ、ぼく、いまだから告白しちゃうけど、叔母さんのことがずっと好きだったんです」

「あら、ホントかしら？」

「ホントです！」

「どこが、好きだったの？」

「透明感溢れてるっていうか、品があるというか、いつも優しいし、いいにおいがするとこです」

「ふうん、でも……『だった』ってことは、過去形よね？」

「あ、ち、違います！　いまでも好きです！」

甘くにらみつけると、正太くんはあわてて言いつくろい、私はクスッと笑いました。

「ふふっ、無理しなくていいわ。おばさんになったんだから、仕方ないもの。ホントは、若い女の子が好きなんじゃない？」

「そんなことありません！」

「おばさんにだって、若い子には負けない魅力があるのよ。これから、たっぷり教えてあげる」

恥ずかしげもなく、いやらしい言葉を投げかけている自分が信じられませんでした。

女の欲望にすっかり火がついてしまったのか、それとも正太くんの愛くるしさが私を別人に変えたのか。いずれにしても子宮の奥が疼き、あのときは引き戻す気などさらさら起きませんでした。

「おチ○チン、しゃぶってあげる」

「あ、あああっ」

私は顔を沈め、ギンギンのペニスに舌を這わせました。

濃厚な精液をきれいに舐め取り、喉の奥に流し込んだだけで女の悦びに胸が震えました。

「そ、そんな……汚いです」

「でも、おチ○チンはビンビンよ……は、むふぅ」

真上からがっぽり咥え込み、根元まで呑み込むや、私は大量の唾液をまぶしながら顔を打ち振りました。

「ンっ！　ンっ！　ンっ！」

鼻から小気味いい喘ぎ声を洩らし、徐々にスライドのピッチを上げていくと、正太くんは口をだらしなく開けて低いうなり声をあげるんです。

「ああ、おお、おおっ」

太腿の筋肉が痙攣しだすと、口の中のペニスが激しくのたうちました。

「で、出ちゃう、また出ちゃいそうです」

「うンっ、うンっ！」

うなずきながら猛烈なピストンを繰り出すと、おチ○チンが膨張し、熱いしぶきが喉元を打ちつけました。

「イックぅうっ」

放出したばかりにもかかわらず、なんとすぐさま射精を迎えてしまったんです。

「あっ、ぷっ」

二度目とは思えぬ量で、すべてを飲み込めず、私はとっさにペニスを吐き出しました。

「す、すごいわぁ……続けざまに出すなんて」

「はあはあはあっ」

さすがにペニスはなえはじめたのですが、今度は私のほうが我慢できず、スカートの下に手を差し入れてショーツを脱ぎおろしました。

「さわって」

浅黒い手を股のつけ根に導くと、巨大な快感の波が背筋を駆け抜け、危うく絶頂を迎えそうになりました。

「ああ、すごい……ぐちょぐちょに濡れてます」

「そうよ、叔母さんもすごく感じてるの。あそこ……見たい？」

「見たい、見たいです！」

横向きの体勢から足を上げ、スカートをゆっくりたくし上げると、正太くんは身を屈め、ギラギラした目をあそこに向けました。

「ああ、こ、これが……おマ〇コ」

「そんなにじっと見ないで……恥ずかしいわ」

「さわってもいいですか？」

「いいわ……あンっ」

指先がクリトリスをなでさすり、はたまた膣の中をかき回すと、腰が勝手にくねってしまい、色っぽい声が自然と口から洩れました。

「あっ、ンっ、くっ、あぁあぁっ」

「すごい、愛液がどんどん溢れてきます」

「はあっ、だめっ、そんなにいじくり回したら、叔母さん……イッちゃうわ」

「ああ、も、もう！」

エクスタシーを迎える寸前、正太くんは身を起こし、目尻を吊り上げました。

驚いたことに、ペニスは完全回復し、天に向かってそり返っているではありませんか。

「我慢できない！　入れたいですっ!!」

私も同じ気持ちで、拒否する理由は少しもありませんでした。

「いいわ、来て、入れてっ！」

亀頭の先端が膣の狭間にあてがわれ、陰唇が左右にめくれ上がると、強烈な圧迫感が襲いかかりました。

膨張率が高すぎたのか、カリ首が引っかかってなかなか入らないんです。

「あ、ン、むうっ」

意識的に下腹部から力を抜いた瞬間、ペニスはとば口をくぐり抜け、勢い余って膣の中をズブブブッと突き進みました。

「あ、ひぃぃぃっ！」

恥ずかしながら、膣壁をこすられただけでアクメに達してしまい、私は絹を裂くような声をあげて身悶《みもだ》えました。

「ああ、全部入っちゃいました」

「ンっ、くふぅぅっ」

「あったかくて、ぬめぬめして、チ〇ポが溶けちゃいそうです……これが、大人の女性のおマ〇コなんですね」

「正太くんのおチ〇チンも熱いわ……叔母さん、メロメロになっちゃいそう」

「動いていいですか？」

「え、ええ、もちろん……あぁンっ」

言い終わらぬうちに、正太くんは腰を振りだし、亀頭が子宮口をガンガン突きました。

二回射精したことで、多少なりとも余裕が生まれたのかもしれません。

今度はすぐに射精することなく、逞しいピストンが繰り返されるたびに、天国に舞い昇るような快感に身がしびれました。

若い男の子のスタミナがこれまたすごくて、延々と恥骨を打ちつけてくるんです。全身が燃え上がり、まるでサウナの中にいるように汗だくになりました。

「あ、ああ、いい、気持ちいいです！」

「いや、いやぁぁっ」

「すごい、あそこがチ○ポをキュンキュン締めつけてきます」

「だめっ、イッちゃう、イッちゃう！」

「いいです、イッてください」

「あぁン、イクっ、イックぅぅぅぅっ！」

私のほうが二十歳以上も年上なのに、快感の渦に巻き込まれ、頭の中が白い靄《もや》に包まれてしまったんです。

やがて絶頂の高波に呑み込まれるや、彼の胴体に足を絡ませ、恥骨を上下に振って快感を心の底から享受しました。

「う、ンふぅ」

「ああ、ぼくもイッちゃいそうです」

「いいわ……中に出して」

「いいんですか？」

「出して……くひっ」

中出しを許可したとたん、正太くんは目をきらめかせ、さらに激しいピストンを繰り出し、再び快楽の海原《うなばら》に放り出されました。

精液を子宮で受けとめたときは、自分がどこにいるのかもわからなくなったほどです。

こうして甥と禁断の関係を結んでしまったのですが、不思議と後悔や罪悪感はありませんでした。

正太くんはお礼を述べて翌日に帰っていきましたが、心なしか肌艶《はだつや》もよくなり、また近々会えないかと私のほうが意識しちゃってるんです。

お面をかぶった男女が結ばれる盆踊り
実妹とは知らず痴戯に及んでしまった兄

辰巳和臣　会社員・三十六歳

いわゆる盆踊《ぼんおど》りはどこでもあるのでしょうが、私の育った田舎はちょっと特殊でした。

みんな、キツネ（お稲荷《いなり》様）の白いお面をかぶるのです。

職人に作らせたこったモノから、その家で代々継がれている由緒あるモノ、また、小学校や中学校で工作の時間にもよく作らされるので、そういう間に合わせのお面をかぶる人も大勢いました。

ド田舎のこと、三大祭りのようなメディアの取材はほとんどありません。全員がお面をかぶった異様な光景なので、ネットなどではしばしばオカルトサイトに登場していました。

お祭なのでいろいろと無礼講なのはどこも同じだと思います。村の数少ない若者たちにとっては、フリーセックスの機会でもありました。

お面をかぶっているので、相手が誰なのかはすぐにはわかりません。私の村の無礼講が特殊なのは、ほんとうの意味でフリーセックスだということです。

つまり、お面の下が、実のきょうだいや親子であってもかまわないということなのです。

「兄ちゃん、そのお面やな。覚えとくわ。つかんだらイヤやしな」

祭りの夜、高校二年の妹が浴衣《ゆかた》を着て笑いました。

「俺かてお前のお面覚えとくわ。二人とも面をかぶったまま、ええ雰囲気になったのに、妹やなんてシャレにならんからな」

当時私は高校三年で、まあ仲のよい兄妹でした。

平成も半ばを過ぎたころでした。実際に祭がきっかけで肉親とセックスしたという話はチラホラと耳にしていたのですが、ネット環境もととのいはじめた時代に、近親セックスもありという文化に対して、私たち世代は違和感と禁忌《きんき》感を覚えていました。

私はこっそり別のお面をかぶりました。去年と同じものでは、知り合いや友だちにすぐにわかると思い、新しいお面を用意していたのです。慣れないネット通販で新しい浴衣も購入していました。

妹とは別に家を出て、私も祭の中心、組合広場の櫓《やぐら》に向かいました。

ふだんは外灯もない真っ暗な広場が、幻想的なオレンジ色の光に包まれ、浴衣姿でキツネのお面をかぶった大勢が、ＣＤの曲に乗って踊っています。なかなか幻想的で非日常的な光景です。

顔が見えないので、波長の合いそうな異性を見つけるのは賭けでした。当然、当たりはずれもあり、祭のあとは悲喜こもごもの話が聞けたものでした。

輪になって踊っている一人の浴衣姿の少女を見つけました。手の動きがしなやかで、健康的なのに官能的でした。私はターゲットロックオンしました。

「お嬢さん、ぼくとどうですか？」

芝居がかった調子で、いつもと違う声を出しました。クラスの女子などだと、声でバレる可能性があったからです。

「うふ、お嬢さん、だって。あなたもまだ若いでしょう？」

押し殺したような声がかわいらしく、私たちはすぐにその夏だけの「パートナー」となりました。

櫓の中心をはずれ、すぐ近くにある境内《けいだい》に行きました。

明かりの少ない拝殿周辺には、そこここに仮面をかぶったかりそめのカップルが出来上がっていました。私たちも拝殿の石段に腰かけました。今夜は神様も目をつぶってくれるというわけです。

「踊り、すてきだったよ。ずっと見てた。見つけてすぐ、声をかけるタイミングを狙ってたんだ」

まだストーカーという言葉がない時代、この祭で定石《じょうせき》のアプローチでした。

私はすぐに少女の肩に手を回しました。

「あなた、きっとカッコイイ人ね。お兄ちゃんに似てるもの」

この子はいわゆるブラコンなのか、と思いました。

「おっと、身内のお兄さんなんかに負けるわけにいかないな」

仮面ははずせませんが、私は次第に浴衣の上から濃厚な接触をしていました。

「やん、なんだかエッチなさわり方」

少女は非難を口にしましたが、声にはどこか笑いがこもっており、逃げるそぶりもありませんでした。

浴衣の上から肩と二の腕をさすり、強く引き寄せて体を密着させました。

「ヘンなとこ、さわってもいいかな?」

「え、ダメ……」

かまわずに私は浴衣の間から手のひらを胸にすべらせました。少女は少し身を引きましたが強く拒《こば》みはしませんでした。

「大きなおっぱい。すごくやわらかいよ」

余裕のあるいやらしい声を出したつもりでしたが、女性の胸にふれるのは実は初めてでした。心臓の音が洩れ聞こえるのではと怖《おそ》れたのを覚えています。

「やっぱり、ブラジャーしてないね。踊ってるとき、おっぱいの先っぽが浮き出ていたよ」

ふふん、とドヤ声で言えたのか、自分で不安になりました。

「恥ずかしい……」

小さくつぶやく声が聞こえ、優越感を覚えたものでした。

「あなたも、大きくなってるの？　アレ……」

泣きそうな声なのに、ダイレクトで大胆な聞き方をしてくるものだと思いました。同時に、この少女も男性経験がないのだと、なんとなくわかりました。

私は少女の手をそっとつかみ、自分の股間に導きました。

「あ、硬い……」

少女が息を呑むのが聞こえました。

「硬いだろう？　ギュッとつかんでもいいよ」

少女は浴衣の上から、意外な強さで勃起ペニスをつかんできました。

「へえ、こんなに大きくて硬いんだ」

浴衣の上からですが、女性の手にペニスをふれられ、私は声をこらえるのに必死でした。

「君の中に、入りたいらしいよ」

緊張と興奮を押し殺し、少女の耳元でいやらしくささやきました。

少女は答えず、私のペニスを浴衣の上から弄《もてあそ》んでいました。

私は少女のふとももにふれました。

「あっ」と短く声をあげた少女は、ピタッとふとももを閉じました。

「君のアソコも、ぼくを迎えたがってるんじゃないか?」

ふとももをなでさすりつつ、浴衣のすそを割って股間に近づけていきました。

「ちょっ、ちょっとぉ……」

「力を抜いて、脚を広げてくれるかな」

息が荒くなっていたので、唇だけで小さくつぶやきました。自分の声が我ながらいやらしかったのを覚えています。

少女は実に消極的な動きで、少しずつ脚を広げてくれました。

なでさすりながら、手のひらを徐々に股間に近づけていきました。

「ちょっと、どこまで……」

少女は泣きそうな声で言いましたが、私は返事をしませんでした。カッコをつけたわけではなく、まったく余裕をなくしていたのです。

「あっ……」

少女が高い声でうめきました。

私の指先が、少女のパンツの股間部分にふれたのです。

おもらししたように濡れているのに気づき、私の興奮は無言のまま頂点に達しました。同時に、ふっくらしているのが強く印象に残りました。恥ずかしながら童貞だった私は、女性の股間は性器の割れ目以外「なにもない」と無邪気に思っていたのです。こんなにふっくらもっこりしているのだと、そのときに初めて知ったのです。

「君と、キスしたい」

「ダメ。お面をはずすのは、ルール違反よ。お稲荷様に叱られちゃう」

言いようのないジレンマを覚えたものです。

「ぼくの家に来ないか？　誰もいないんだ」

これも祭で盛り上がった即席カップルの定石でしたが、むろん初めてです。

「私の家にしようよ。うちも誰もいないの。親が両方とも祭りの実行委員だから」

「うちとおんなじじゃん」

女の子の家に二人きりで上がる、そのシチュエーションに激しく興奮していました。

幻想的な祭りの喧騒《けんそう》を離れ、街灯もとぼしい田舎の町を二人で歩きました。

「ぼくの家もこっちの方角だよ。案外ご近所かもな」

「あは、あとで会ったらバツが悪いかも」

しばらく進むうち、ほんとうに近いんだなと思いました。

「ちょっと待て！　君んち、あそこじゃないだろうな？」

怖ろしい可能性に思いが至り、大きな声で一軒の家を指差しました。

「そうだよ。やぁだ、うちの知り合いなの？　恥ずかしいな」

少女はまだ照れのこもる笑い声でした。作り声でしたがもうはっきりとわかってしまいました。

「ぼくの家も、そこなんだ。今日子《きょうこ》」

一拍ののち、私たちはキツネのお面のまま見つめ合いました。

「え……お兄ちゃん？」

そうして妹の今日子は、私の手をふりほどき、家に入ってしまいました。ドキドキして訪れた女の子の家が自宅だったとは、我ながら滑稽《こっけい》な話です。

「サイテー。お兄ちゃんだったなんて……」

家に入ると、今日子はキツネのお面をとり払い、両手で顔をおおいました。

「最初から知ってたってこと、ないよね？」

顔を包む指のすき間から、怖い目で見つめてきました。

「そんなわけないだろ。妹に興奮なんてするか」

私もお面をはずし、意味のない弁解をしました。

妹と知らずにふれていたアソコの感触が、指になまなましく残っていました。

「お兄ちゃん、あんなに硬くて大きかったんだ」

今日子も同じような感想をつぶやきました。名残《なごり》惜しそうな口調でした。

「……かっこいい男の子とすごい体験ができると思ったのに」

それは私も同じでした。ミステリアスな女の子との一夜のアバンチュールが、興醒《きょうざ》めのフィナーレを迎えたのですから。

微妙な沈黙が流れました。私も妹も、昂ってしまった心と体の収まりがつかなかったのです。

私はそっと、浴衣の上から今日子の肩をなでました。

「やめて。兄妹やで」

強く逃げるそぶりはありませんでした。

「なあ、さっきの気持ちのままで、続きやれへんか？　知らん男女のままで」

「さっきのまま？」と妹はつぶやきました。受け入れるトーンに聞こえました。

「でも、顔見たらお兄ちゃんやん」

顔を上げて抗議しようとした妹の口に、勢いでキスしました。

「えー、お兄ちゃんとチューしてしもた！」

妹を抱きすくめました。妹だということを懸命に頭から払いました。

「お兄ちゃんて呼ぶな。さっきのキツネのお面のカッコいい男の子だよ」

妹は抵抗しませんでした。情けない話ですが、妹を抱いたのに、女の子を落としたような征服欲が満たされたのを覚えています。

「君の部屋に、連れていってくれ」

さっきまでの、お面をかぶったヨソ行きの声を出しました。

「こっち」

妹は私の手をとり、部屋に導いてくれました。緊張とともに、その声にはどこかおもしろがっているような笑いがこもっていました。

ずいぶんあとに、近親をテーマにしたイメージプレイがあることを知りましたが、私たちは罪深さから逃《のが》れようと、その逆をしようとしていたのです。

「ここが、君の部屋かあ」

芝居っ気たっぷりに、よく知っている妹の部屋を眺めました。不思議なもので、初めて訪れる女の子の部屋に来たようなドキドキ感を覚えました。私自身、自己暗示にかかっていたのでしょう。

「おや、もう布団が敷いてあるじゃないか。手回しがいいな」

「万年床じゃないよ。祭が終わったらお風呂に入ってすぐに寝られるように、先に敷いておいたの」

妹も調子を合わせて言いました。ちょっとムキになっている口調がおかしく、笑いがこぼれたものです。

浴衣姿で抱き合い、妹のお尻をなでました。

「やわらかいお尻だね。気持ちいいよ」

妹は答えませんでした。実兄との行為と、イメージプレイとのはざまで迷っていたのでしょう。

片手で抱いたまま、自分と妹の腰ひもをはずしました。テンパっていたわりには、スムーズにはずすことができ、二本の腰ひもは音も立てずに落ちました。

二人の浴衣を観音《かんのん》開きにしてから、私は妹の手をとり、トランクス越しの自分の股間に導きました。

「お兄ちゃんのコレ、小さいころにお風呂で見たのと全然違う」

イメージプレイを忘れ、妹は素の声でつぶやきました。

トランクス越しにペニスを妹にふれさせたまま、両肩に手をやり、浴衣も落としました。下は白地に赤チェックのパンツだけでした。興味などありませんでしたが脱衣場で見たことのあるモノでした。

「ダメだな、どうしても妹だと実感してしまう」

失笑交じりに言ったとき、妹が強く抱きついてきました。

「いいじゃん、それでも」

そのとき、境内で私が兄だと知らなかった妹は、私を兄に似てカッコイイ人、と言ったことを思い出したのです。

「どうしよう、お兄ちゃん? 私たち、もうパンツ一枚だけで抱き合ってるよ」

妹がこんな湿っぽい声を出せることに驚いたものでした。

「どうする？　兄妹だけど、やっちゃうか」

決定を妹にゆだねる卑怯《ひきょう》な兄だと思いました。

私たちは抱き合ったまま、妹の布団に崩れ落ちました。

「お前の布団に入るって、ありそうでなかったよな」

「ふつうは、あってたまるか」

湿った笑い声を洩らしながら、私たちは布団で横寝になり、激しく抱き合いました。

「お兄ちゃん、初めてなん？」

「……そうや。お前もやろ」

処女と童貞を、実の兄妹で散らす。ペニスをギンギンに硬くしながらも、罪深さに押しつぶされそうでした。

「全部、キツネ様が悪い」

冗談めかした妹の口調に、ちょっと救われたものでした。

「ああ、お兄ちゃん、逞しい……ああ、あああ」

深夜にこっそり見ていたアダルトビデオのアノ声が、妹の口から出ているのが不思議でした。

女の子の体はこんなにやわらかいのか、こんなにツルツルなのか、こんなに丸っこいのか、という童貞喪失の感慨を、実の妹で体感していました。

「なあ、もっかい見せてぇな」

遠慮がちに妹が言うので、勃起ペニスにふれさせてやりました。

大きさや太さ、硬さを、両手で弄びながらたんのうしていました。

「うふふ、うふふふ」

ときどき、妹とも思えない妖しい笑みがこぼれていました。

「さあ、こんどはお前のを見せてくれ」

あおむけに寝させた妹の両足首をとり、広げました。

「えー、恥ずかしいやん……」

まさに小さいころから聞いている妹の声そのもので、近親相姦の恐怖が背筋から這い上がってきたのを覚えています。

薄目の恥毛が黒い炎のように広がっており、生意気になったものだと兄として妙な感慨を覚えました。

開きかけた性器に顔を寄せ、口をつけました。

「ああんっ！　お兄ちゃん、あかん……！」

妹の性器はやわらかくうるおっていて、わずかに塩っぽく舌に感じました。生温かいスポーツドリンクを口に含んだような感じでした。

実の妹の性器を舐めている、その思いに、昂りは頂点に達しました。

ずるずると体を上げ、まっすぐ妹を見おろしました。

「入れるぞ」

妹は目を閉じました。怖れのためかと思いましたが、そのまま笑ったのです。

「あは、さっきのお面の、顔も知らないイケメンのお兄さんを想像してるの」

妹の顔を見つめつつ、手探りでペニスの先を妹の性器に当てました。

「あんっ！　や、優しくして……」

当時読んでいたエロコメ漫画そのままのセリフに驚いたものです。

ゆっくりとペニスを妹の性器に埋没させていきました。

「あぐううぅ……お兄ちゃんが、来てるっ！」

「痛いか？」

「大丈夫。でも、ゆっくりして」

ときどき薄目を開けつつ、妹は眉と眉の間にシワを刻んでいました。

当然ですが、ペニスが受ける感触は自慰とは違います。全方位から優しくキック締めつけられ、最奥に達するころには歯を食いしばっていました。

「今日子、全部、入ったぞ。ぼくたち、つながってる」

苦悶《くもん》にゆがむ妹の顔を見つめ、万感の思いでつぶやきました。

「あは、前からちょっと、こうなることを考えてたって言ったら、お兄ちゃん引く？」

妹はそんなことを言ったのです。

「この状況で、引くもなにも……」

としか返せませんでしたが、内心では、キツネ様ありがとう、という気分でした。

ゆっくりペニスを前後させていきました。妹の顔から笑みが消えました。

「ああっ……ああんっ！　いやっ、お兄ちゃん、気持ちいいっ！　あああっ」

童貞として、初体験を何度も夢想したことがありましたが、相手がいっしょに住んでいる妹だとは、想像もしていませんでした。

みっともない話ですが、体位を変えることもなく、私はそのまますぐに射精欲求が起きました。

「今日子、でっ、出るっ！」

「出して！　お兄ちゃん、いっぱい、出してっ」

見慣れた妹の顔を凝視しつつ、私は渾身の力で射精しました。

自慰のオカズにすらしたことのない妹と本番をしてしまったのです。

「ごめん、妹なのに、セックスしちゃったよ」

「んふ、なに謝ってんの」

それからしばらく、親の目を盗んで兄妹で交わる生活が続きました。

しかし、私に彼女が、妹に彼氏が、どちらが先か忘れましたが、片方にパートナーが出来てからは、兄妹の禁忌はピタリと止まりました。

いまはオジサンオバサンになった私たち兄妹の、墓場まで持っていく黒歴史です。

四十路を目前にして子なしの腹違いの姉
村の掟から逃れるため何度も中出しして

寺島雅紀　農業・三十歳

いまからもう、四十年以上昔の話です。

私は山間の農村地帯で生まれ育ちました。とても閉鎖的な村で、村いちばんの大地主が絶対的権力者として村を治めていました。

大地主には妾《めかけ》が何人もいて、私もその妾の子として生まれました。母は特に父から気に入られていたこともあり、そのおかげで何不自由なく育ててもらい、現在は子どもや孫に囲まれた幸せな日々を送っています。

いまでは信じられないことでしょうが、この村にしかない掟《おきて》がいくつも定められていて、そのなかの一つに、子どもを産めなかった女は四十歳で村を追放されるというのがありました。

その年で、身ひとつで村を追い出された女の末路は悲惨なものだと聞いてます。婚外子であろうとも、村のために子どもを一人でも多く生むことが女の最大の務めであるとされていたのです。

ただ、子どものころは学校で「妾の子」といじめられたこともありますし、のちのち領地の配分などでもめたりしないように、妾の子ども同士は、あまり接点を持ってはいけないことになっていたので孤独でもありました。

ところがただ一人、腹違いの姉にだけは会うことを許されていたのです。

姉は私より十三歳年上で、物心ついたときにはあたりまえのようにそばにいる存在でした。母が父に会いに行って留守のときなど、いつも私の面倒を見てくれていたのです。

私にとって彼女は、唯一心を許した相手でした。

遊んでほしくてついて回り、小学校の高学年くらいになると、姉といっしょに入る風呂にドキドキしたのを覚えています。

ツンと上向いた乳房の抜けるような白さに目を奪われ、動くたびにそれがプルンと揺れる様子や、丸くなめらかな尻を盗み見しては、覚え立ての自慰行為にふけっていたのです。

化粧っ気もないのにきれいな顔立ちで、優しく清楚《せいそ》な姉にあこがれを抱いていました。当時はそんな自覚はありませんでしたが、いまになって思うとそれが初恋だったのかもしれません。

そんな姉も、私が十二歳のとき、父親の決めた相手と結婚してしまいました。嫁ぎ先は同じ村だったので物理的な距離はそれほどなかったのですが、封建的な時代ですから、嫁入りすれば自由な時間も限られてしまいます。

ときどきむしょうに会いたくなって家の前まで行ってみたりしましたが、自分たちの生い立ちに後ろめたさもあり、結婚生活の邪魔になってはいけないと思い止まっていました。

そのままいつしか疎遠になっていったのです。

やがて私も成人すると、父の事業に携わるようになり、いろいろと忙しくなっていきました。そろそろ女房が必要だろうという父に勧められ、二十五歳のときに隣り村の女を嫁にもらったのです。

結婚してすぐ妻は妊娠して、翌年には男の子を授かりました。型どおりの、平穏な生活を手に入れたのです。自分が妾の子であるからなおさら自分の子どもには不憫《ふびん》な思いはさせたくなくて、まじめなよき父であろうとがんばっていました。

そんな折、不意に姉が訪ねてきたのです。

「久しぶりね、急にごめんなさい。赤ちゃんが生まれたって聞いてお祝いに」

姉は小さな包み紙を手渡しながら、どこかさびしそうな表情を浮かべていました。まともに顔を合わせたのは数年ぶりのことでしたが、母のように慕《した》っていた姉ですから、その表情を見て何かおかしいと気づいてしまいました。

「元気でやっているの？　家の人とはうまくいっている？」

尋ねると、姉はしばらく黙ってから小声でつぶやきました。

「私、とうとう子どもが出来ないまま四十を迎えるの。村から追放されるの」

私はハッとして姉の顔を見つめました。

確かに、風の便りにも姉の出産は耳にしたことがありませんでした。疎遠になったから聞かないだけなのだろうと軽く考えていたのです。

姉は私に別れのあいさつをしにきたのでした。

私はとっさに「いやだ！」と叫んでいました。

たとえふだん会えなくても、同じ村にいる姉の存在を心の拠《よ》り所にしてきたというのもありますし、なにより同じ境遇で生まれ育ったのに、自分だけがそうして幸せに暮らして、姉が不幸になるのをただ見ているだけなんてできないと思ったのです。

その日はそれで別れましたが、何か解決策はないかと考え、毎晩眠れずに過ごしました。父親に頼もうかとも考えましたが、村の掟を変えられるほど自分の存在は大きくありません。

そうするうちに、ある無謀な策を思いついてしまったのです。すぐに姉のところに飛んでいきました。なにしろ女としての寿命があるうちに解決せねばならないのです。

廃屋となっている山小屋に呼び出し、姉に言いました。

「俺と試してみないか？　子どもが出来ればいいんだろ？　旦那と合わないだけかも」

当時、不妊治療はいまほど盛《さか》んではなかったし、ましてやそんな山奥にはまるで縁のないものだったのです。原因は男にあるかもしれないのにそれを調べる手立てもありませんでした。

姉は驚いたような表情を浮かべて首を振りました。

「何を言い出すの、そんなのだめよ。だって私たち、姉弟なのよ」

首を振りつづける姉を必死で説得しました。必ず上手《うま》くいくとは限りませんが試す価値はあると思ったし、その計画を思いついてから姉の体に欲情する自分もいたのです。

「姉さんがここからいなくなったら、俺は誰を頼ればいいんだよ!」

まるで駄々っ子のように泣きながら訴えていました。すると姉は私に抱きついてきて、ウン、ウンとうなずきながら頭を優しくなでてくれました。

「昔から変わっていないのね。そんなふうに思ってくれるのはあんただけよ」

次にまた、その山小屋で会う約束をして別れたのです。

私は事前に小屋の窓をふさいだり、鍵をとりつけたり、毛布を運び込んだりして準備をしていました。

数日前から願をかけ、禁欲生活までして臨んだのです。

約束の日の深夜、人目にふれないように細心の注意を払って遠回りをしながら山小屋を目指しました。

はたして姉は来ているだろうか？　ドキドキしながら扉を開けると、散乱している廃材やドラム缶の陰に身を隠すようにして、黒い服を身にまとった姉がしゃがみ込んでいました。

かたわらに駆け寄って小さなランタンを置き、毛布を敷いて姉をその上に座らせました。緊張のせいか、姉の頬は青ざめているように見えました。

無理もありません。そんな密会がバレたら二人して心中しなければならないほどの無謀な行為です。

心配して尋ねると、姉は夫に大量の酒を飲ませてきたから大丈夫と言いました。

昔の面影《おもかげ》が残るふっくらとしたその頬にふれながら、迷っている時間はないと言い聞かせ、思いきり抱きついて押し倒していました。

「姉さん、ごめんよ。でも、これくらいしか俺にしてやれることはないんだ」

初夏でも山の夜は涼しく、握り締めた姉の手は冷えていましたが、私の体は興奮のために汗ばんでいました。

あおむけに寝た姉の体をなで回し、ブラウスの上から胸をもみました。盛り上がった乳房は手のひらからはみ出すほど大きく、頭の中にはいっしょに風呂に入ったころのまぶしい乳房が思い出されていました。

あのとき、さわりたくてさわりたくて仕方なかった乳房は、こんなにも柔らかかったんだな、と感慨にふけりながらブラウスのボタンをはずしていきました。

「アアン、見られるのが恥ずかしいわ。年をとって醜くなっているもの」

見ると、姉の頰には赤みが差しはじめていました。

「そんなことないさ。それにどうあれ姉さんは俺のいちばん大切な人なんだよ」

胸元が開くと、ブラジャーに包まれた艶《あで》やかな乳房が現れました。

ブラジャーを押し上げると、あこがれの乳房がプルン！　と飛び出してきました。農作業で顔や手などは日焼けしているけれど、中身は昔と変わらずまぶしいほどの白い肌でした。

確かに昔より乳房は垂れて、乳首も大きく黒ずんでいましたが、かえってそれがいやらしく、人妻の色気を漂わせていました。

「俺も脱ぐから、姉さんも裸になって」

ブラウスを剝ぎ取り、ズボンを引きずりおろしました。

「寒くないかい？」

聞くと、姉は恥ずかしそうに首を振りました。

「それが、全然寒くないの。むしろ、体がほてってきて、熱いくらい」

それを聞いて、これは案外うまくいくんじゃないかと思いました。

ランタンに照らし出された体は、全体的に昔よりもだいぶふくよかになっていて、腰や太腿は、はち切れんばかりにむっちりしていました。

妻はやせ型で胸も小さく、まだ若いせいか貧相な体つきなのです。

当時の私は妻しか女を知らなかったので、その肉感的で母性溢れる裸を見ただけで激しい興奮を覚えていました。

姉の体を好きなだけ抱いている旦那に対して、激しい嫉妬《しっと》もわいてきました。

「俺がいっぱい姉さんの中に精子を出してやるよ！　子どもを作ってみせるよ」

それほど魅力的な体を持つ姉に、女の機能が不足しているとはとても思えませんでした。

「姉さんの体、すごく抱き心地がいいね。くっついているだけで気持ちいい」

乳房をわしづかみにしてもみしだき、硬くすぼまった乳首をべろべろと舐め回していました。

「ンンッ、私も、すごく気持ちがいいわ。アハァ」

腹違いとはいえ、血のつながった姉弟なのです。自然と波長が合うようにできているのかもしれません。

きつく抱き合っていると、勃起したものが姉の腹に沈み込んでいきました。

「いやん、こんなに硬くなって。お腹に突き刺さりそうよ、すごいわ、アアッ」

姉は、私にしがみつきながら、白い喉をのけぞらせて喘ぎました。

その細い首筋や鎖骨に口づけし、徐々に下半身に唇を移動させていきました。

キメの細かい肌を唇で吸いながら、盛り上がった恥骨の陰毛をなで、ゆっくりとその奥に指を這わせていきました。

熱のこもった陰部には、生温かい愛液がトロトロと溢れ出ていました。

「姉さんのここ、すごく濡れているよ」

指先に愛液を絡め取りながら、それをクリトリスに塗りたくって転がしました。

「アッ、アッ、だめ、だめ、よくなっちゃう、どんどんおかしくなっちゃう」

姉の体はとても敏感で、旦那にしっかり開発された様子がうかがえました。それがなんだか悔しくて、絶対に俺がもっと悦ばせて妊娠させてみせる、なんてムキになっていました。

「姉さんのエッチなところ、見てもいい？」

姉は熱に浮かされたような顔をして、コクンとうなずきました。両脚を持ち上げて広げさせ、その中心に顔を埋めました。

赤い亀裂の中心からは、透明の愛液が糸を引きながら滴っていて、皮をめくったクリトリスは、梅のつぼみのようにコロンとふくらんでいました。

あこがれていた女のアソコを拝んだ悦びが込み上げてきて、もっと姉の体を征服したくなりました。

あたりまえにいつでもしたいときにできる女房とのセックスとは、興奮の度合いがケタ違いなのです。

姉の体のすべてが、私の目には神々《こうごう》しく映っていました。

ヌルついたクリトリスを舌先で舐め回しながら、穴に指を突っ込んで、奥のほうをくすぐるようにかき混ぜました。

「ウッ、ア〜ン！　すごくいい、ハァ、アアン、よすぎて怖いくらい」

長いつきあいの中で、いままで一度も見たことのない姉のゆがんだ表情を見ていたら、男としての自信がみなぎってきました。

姉をここまで乱れさせることができるのは俺だけだ！　そんな興奮に駆り立てられて、股間の硬いものを赤い裂け目に突き立てていきました。

「姉さん、入れるよ！　もっともっと気持ちよくさせてあげるよ、ほら！」

グイッと腰を突き出すと、姉は乳房を揺すりながら背中をそらして「ウワァン」と獣のような雄叫びをあげました。

姉の太腿がピクピクと痙攣しはじめると、アソコの中が、きゅーっと締まってきました。

「なんでこんなに気持ちがいいの、アッハン、こんなにいいのは初めてよ」

姉は指先が食い込むほど強く、私の腰をつかんで離しませんでした。

「あんたの精子が欲しくてたまらないの、お願い、いっぱいちょうだい」

私は姉のもっとも深い部分に亀頭が当たるようにねじ込み、激しくピストンしながら中にドバドバっと放出しました。

私の射精と同時に、姉も絶頂を迎えていたようでした。

射精したあともしばらく挿入したまま抱き合っていると、穴の奥が再びキュキュッと締まりはじめました。

「うふ、最後の一滴までしぼり取りたいの。あぁ、あんたと離れたくないわ」

ふだん、私が何かねだることはあっても、姉が自分の願望を口にしたのは初めてのことでした。

「そうか。よし！　もう一回しよう！」

そう言うと、姉はガバッと起き上がって私の顔をうるんだ瞳で見つめました。

「ほんとうに？　じゃあ、もう一回大きくしてあげなきゃ」

そう言うと、四つん這いになって私の股間に顔を埋めてきたのです。まだ芯は残っていましたが、なえかけていたので姉の口の中に入れられるとくすぐったさを感じました。

けれどもそれは間もなく、心地のよい興奮へと変わっていきました。

ふだんあんなに清楚な姉が自分のものを口に咥えてる顔を見ていたら、すぐに勃起してしまったのです。尺八もとてもじょうずで、妻とは比べ物になりません。

「姉さん、ずいぶんじょうずだね。旦那に教え込まれたのかい？」

嫉妬心からついそんなことを口走ってしまいましたが、姉は硬くなったものに舌を巻きつけながら「あんたのだから、おいしいのよ」なんて言ってなだめてくれました。

とても気持ちがよくて、ほんとうはずっとそうされていたかったけれど、自分たちには時間がないこともわかっていました。

「さぁ、今度は後ろから入れてみよう。妊娠しやすい体位があるかもしれない」

姉の、丸くて大きな尻が揺れるのをじっくり眺めながら、二度目の挿入を果たして再び二人同時に果てたのです。

姉とのセックスを知ってしまってから、妻としていても物足りなさを覚えるようになっていました。もちろんそんなことはおくびにも出しませんでしたが、次に姉と会う日を心待ちにして日々を過ごしていたのです。

そうかといって、あまり頻繁に会っていたらいつか誰かに見られてしまう恐れもあるため、慎重に日を選んでいました。

それに、姉の排卵日に合わせてできるだけその期間に密に会うためにも、むだな逢瀬《おうせ》などできないのです。

会いたいのに会えない、したいのにできない、そんな障害の多さから、再び山小屋で落ち合ったときは、互いにむさぼり合うように激しく求め合ってしまいました。

「私、あんたとやりたくて、この数日間おかしくなりそうだったのよ」

そう言いながら抱きついてきた姉の体をなで回しているだけで、私の股間はすぐに大きくなりました。

「俺も、姉さんのことばかり考えてたよ。姉さんの体に入れたくて仕方ないよ」

その日は、少しの時間もむだにできないとばかりに、服も脱がせないまま乳房をまさぐり、立ったままスカートをまくって背後から挿入しました。

「アア、こんな格好でするのは初めてよ。気持ちがいいところに当たるわ」

スカートからまる出しになった大きな尻をクネクネ揺する姿を見ていたら、すぐにイキそうになってしまいました。

「今日もいっぱい姉さんの中に出すからね、ああ、もうイキそうだよ!」

姉は、万が一妊娠したときのため、私と会うごとに、旦那とも夫婦の営みをしていると言っていました。

そうしなければならないのがわかっていても、堂々と姉のことを抱ける旦那がうらやましく思え、悔しさからついつい気が急《せ》いてしまうのです。

大好きな姉を独占できない哀しさから、せめてほんとうに自分の子を身ごもらせてしまいたいと強く強く願っていたのです。

とにかく会う回数を少しでも増やして妊娠の確率を上げるより方法はない、なんて言いながら、いつしか快楽と独占欲を優先させていたのかもしれません。

もしも妊娠してしまったら二人の関係は終わってしまうというのに、皮肉なことに回を重ねるごとに体がぴったり合うようになっていったのです。

姉はときに、いつになく激しく乱れることがありました。自ら私の上に跨って、髪を振り乱しながら腰を激しく振るのです。

私と関係を持ってから、旦那との性交渉が苦痛なのだと言いました。

「私はこれがいいの、あんたのが欲しいのよ、アア、もっと奥まで突いて」

乳房をユサユサ揺すりながら、私の上で何度もイってしまうのです。そのときの姉のいやらしい表情は、いまでも目に焼きついています。

そんなことを繰り返していた三カ月後に、姉の妊娠が判明しました。

山小屋で報告を受けたときは、ホッとしたような、さびしいような、やるせない気持ちになったのを覚えています。

どちらの子だかわかりませんが、いずれにしても姉が村から追放されることは阻止できたわけです。

「おめでとう。じゃあ、俺は身を引かなきゃな。この山小屋ともさよならだね」

ボロボロの廃屋でも、二人にとっては夢のような空間だったのです。

翌年の春に、姉は元気な男の子を産みました。

それからしばらくたって姉と再会し、私たちは互いの体が忘れられなかったことを告白し合い、再び関係を持つようになってしまったのです。

けれどもやはり小さな村のことで、どこからともなく噂が流れはじめてしまったのです。姉の息子が成長すると、私にそっくりだと言われたりもしました。

そのころ我が家にも二人目の子ども、女の子が生まれました。この村で育てたくないという思いもあり、譲り受けるはずの財産もかなぐり捨てて村を出ました。

数年後、姉から届いた一通の手紙には、中学生になった息子の写真が同封されていました。確かに私によく似ていました。姉は息子を溺愛《できあい》しているそうです。

第二章

夜這いにまぎれて禁断の秘唇を貪って

背徳の相姦体験――
田舎に残る禁忌と秘習

婚前交渉した相手の呪縛から逃れるため父親の肉棒によって清められる娘の牝穴

南野英夫　農業・五十六歳

私が暮らす地域では、女は婚前交渉をしたらその相手と結婚しなければならないという決まりがあります。

その決まりを破ると、自分や親族に不幸が訪れると言われているのです。外の人たちは、そんなのは迷信だとバカにするでしょうが、物心ついたころからそういう話を聞かされつづけてきたこの地域の人間は、もうその呪縛から逃れることはできないのです。

だけど、どうしても結婚できない、結婚したくないというときのために、ちゃんと抜け道はあるんです。

それは、実の父親とセックスして、父親のペニスで膣の中をきれいにしてもらえば、もう一度、結婚相手を選び直すことができるというものです。

二十五歳になる私の娘・晶子《あきこ》には結婚を前提につきあっていた彼氏がいましたが、その彼氏が借金を踏み倒して失踪してしまったのです。

残された娘は、もうほかの男と結婚することはできません。娘は三日三晩泣きつづけ、かける言葉も見つからないほどでした。

そんな娘が深夜に私の寝室を訪ねてきました。

十数年前に妻を病気で亡くして、それ以降は父と娘二人で暮らしてきたのですが、反抗期があったりして、ぎくしゃくした関係が続いていました。

その娘が私の前に正座して、神妙な顔で言うんです。

「お父さん、私のアソコをきれいにしてもらえませんか?」

「な……なにを言うんだ」

「だって……お父さんにきれいにしてもらわないと、ほかの人と結婚できないし、もしも結婚しても、みんなが不幸になっちゃうんでしょ?」

古い習慣をバカにしていた娘がそんなことを気にするというのは意外でした。だけど、冗談で言える内容ではありません。

私は目の前で正座している娘を見つめました。

血のつながった実の娘です。それまで娘を女として見たことはありませんでした。

だけど、娘は現在二十五歳。出会ったころの亡き妻と同じ年ごろです。

あらためてよく見ると、母子だけあって、顔も体つきもよく似ているんです。

それはつまり、私の好みのタイプだということです。

「いいのか？　あんなのは迷信じゃないのか？」

「わかんない。だけど、不幸があるといやだし。私、幸せな結婚がしたいの。だから、お父さん、お願い」

そこまで言われたら断れません。私はかわいい娘のために決意しました。

「わかった。おまえの膣をきれいにしてやろう。でもこれは、みんなが幸せになるためだ。けっして不純な思いからではないからな」

私はそう念押ししました。それは、ほんとうは不純な思いが体の底から込み上げてきて、すでに股間がムズムズしはじめていたからなのです。

「じゃあ、まずお風呂に入ろうか？」

いきなり抱き締めてキスをするのもはばかられました。それにいままでさんざん加齢臭がいやだと娘には言われていたので、セックスをする前に、体をきれいにしておきたかったのです。

「そうだね。久しぶりにいっしょに入ろうか。お湯溜めてくるね」

娘も何かワンクッション欲しかったのでしょう。急に明るい顔になって立ち上がると、お風呂場のほうに駈けていきました。

そして、すぐにお湯が溜まり、私が先に湯船につかっていると、体の前をタオルで隠しながら恥ずかしそうに娘が浴室に入ってきました。

「お父さん、ちょっと目をつぶってて」

娘に言われて目を閉じると、娘が湯船に入ってくる気配がしました。

それほど大きな風呂ではありません。大人二人がいっしょに入ると、どうしても体がふれ合います。

「もういいよ」

娘の許しが出て目を開けると、娘がこちらを向いてお湯につかっていました。

しかも子どものころに、お湯にタオルをつけるのはいけないことだと教えてあったからか、娘はもうタオルで体を隠してはいません。

想像していた以上に大きな乳房がお湯の中で揺れているんです。そしてさらにその下のほうには黒い茂みが……。

もうすっかり大人になったんだなあとしみじみしていた私は、不意に気がつきました。娘の股間が見えるということは、私の股間も娘には見えているのです。チラッとうかがうと、娘は恥ずかしそうに顔をそむけていました。

というのも、私のペニスは年がいもなく、もう大きくなってしまっていたのです。なにしろ妻が亡くなってからは一度もセックスしていないのです。

それなのに、こんなかわいい女性が私に「セックスしてください」と言ってきているのですから、興奮するなというのが無理な話です。それが実の娘であっても。

「もうのぼせそうだから、お父さん、お湯から出ようかな。今度は晶子が目をつぶっててくれないか」

「うん。わかった」

娘が目を閉じたのを確認して、私は湯船から出ました。

浴槽のへりを跨《また》ぐとき、そそり立つペニスがもうちょっとで娘の頬を叩きそうになり、一瞬ひやっとすると同時に、なぜだか猛烈に興奮してしまいました。

とりあえず、勃起を収めなくてはと思うのですが、逆に力がみなぎってくる始末。仕方なく私は娘に背中を向けて座り、体を洗いはじめました。

娘の裸を見なければ勃起も収まるだろうと思ったのです。

だけど、すぐに背後で、娘がお湯から出る音が聞こえました。

「もう出るのか？　そういうのを烏《からす》の行水《ぎょうずい》っていうんだぞ」

私は娘に背中を向けたまま言いました。そのとき後ろから手が伸びてきて、私が持っていたタオルを奪われました。

「おい、なにするんだ？」

「背中を流してあげる。昔はよくこうしてあげたよね」

娘は泡まみれのタオルで私の背中をゴシゴシこすりはじめました。

確かに娘が小学校の低学年のころまでは、こうやっていっしょにお風呂に入って背中を流してもらったものでした。

そんな感慨にふけっていると、背中にふれるものの感触が変わりました。タオルよりもなめらかなものが、私の背中をぬるりぬるりと上下になでるんです。

「ん？　なにしてる？」

「手のひらで洗ってあげてるの。こっちのほうがタオルより肌に優しいんだよ」

「そ……そうか……」

いちおう、納得したように返事をしながらも、なで回す手の感触が気持ちよくて、私はゾクゾクするような快感に襲われていました。

勃起していたペニスは縮むどころか、さらに力をみなぎらせていき、前屈みになった私のヘソのあたりに先端が食い込むほどになってしまいました。

まるで十代に戻ったかのような、すさまじい勃起です。

そのことにとまどっていると、背中をなで回していた娘の手が、脇の下をすり抜けるようにして体の前のほうへと回され、私の胸をなで回しはじめたんです。

「はううっ……」

思わず変な声が出てしまいました。それにこたえて娘は言いました。

「洗うのは背中だけじゃダメでしょ。そう。ここもよく洗っておかないと……」

そう言って娘の手は私のお腹のほうへと移動し、ペニスをつかみました。

「おっううう……」

また変な声が出てしまいました。娘の積極的な態度にとまどいましたが、そのあとに娘が言った言葉を聞いて、私は納得しました。

「このあとほかの男によって穢《けが》された私の膣を、このペニスで清めてもらわなきゃいけないんだから、その前にペニスをきれいに洗っておかないとね」

「そ……そうだな」

私が納得すると、娘は今度は背中に抱きつくように体を押しつけ、両手でペニスをつかんで、その手を上下に動かしはじめました。

もちろんペニスに受ける快感はありましたが、それを増幅させる感触が背中に感じられるんです。やわらかくて弾力のあるものが、ぬるりぬるりと背中をすべり抜けました。それはもちろん娘の乳房です。

そして、耳元で聞こえる吐息が徐々に荒くなっていきます。娘もペニスを洗いながら興奮しているようです。だからでしょうか、ペニスを洗う手の動きがどんどん激しくなっていくんです。

それはもう、洗ってるという感じではありません。明らかに手コキです。握り締める強さはちょうどよくて、娘が処女ではないことがはっきりとわかりました。

「今度はお父さんが晶子の体を洗ってやるよ。さあ、交代だ」

私が後ろを向くと、バスマットの上に膝立ちになっていた晶子は「いやっ……」と両手で胸を隠しました。でも、そんなのはかたちだけの抵抗です。

「ほら、手をどけなさい」

私が言うと、娘はしぶしぶといったふうに、両手をどけました。そこには泡にまみれた乳房が……。

さっきお湯の中で揺れているのを見ましたが、目の前にある乳房は丸くて乳首がツンととがっていて、すごくきれいなんです。

思わず溜め息をつきそうになりましたが、父親の威厳を守るために必死にこらえました。

「さあ、洗うぞ」

私はボディソープをつけた両手を伸ばして、正面から娘の胸をわしづかみにしました。やわらかな乳房に指が食い込み、娘は苦しげに眉根を寄せました。

でも、唇の間からは切なそうな吐息が洩れるんです。

「はぁあん……お父さん……」

私は両手をもみもみと動かしながら、娘の乳房のやわらかさと弾力を楽しみました。ペニスが痛いほどに勃起し、それが娘の目にさらされていることも、もう気にならなくなりました。

それどころか、娘がまぶしそうに目を細めている様子を見ると、下腹部に力をこめてわざとペニスをビクンビクンと動かしてみせてしまうのでした。

「はあぁぁ……お父さん、その動き……あぁぁぁん……」

娘は恥ずかしそうにしながらも、私のペニスをじっと見つめています。

「なんだ？　変か？　これからおまえの膣をきれいにしてやるために、力を充塡《じゅうてん》しているんだ。ほら……ほら……」

私はさらに数回ペニスを動かしてみせました。

「あぁぁぁん……なんだかムズムズしてきちゃった……」

男を知っている娘は、私の元気なペニスを見て股間が疼いてしまうようです。まるで小便を我慢しているかのように腰を引いて体をくねらせるのでした。

「ほらみろ。それがもうダメなんだ。不浄なものがこびりついてしまっているんだ。ペニスで清める前に、オマ○コも石けんで洗ってやろう」

私は娘のうっすらと茂った陰毛の奥に手を入れました。すると私の指先が温かな媚肉の中にすべり込みました。

「あっ、お父さん、ダメ……」

娘は両手で私の腕をつかみました。でも、それ以上の抵抗はしません。

「割れ目の奥をきれいに洗っておかないとな」

私は指先で小陰唇をこじ開けるようにして、その奥を縦になぞりはじめました。

「ああっ……お父さん……あああん……」

娘はかなり感度がいいほうらしく、私の指の動きに合わせてヒクヒクと腰をふるわせます。

「おい、そんなに動かしたら洗えないじゃないか。じっとしていなさい」

「で……でも……」

「でもじゃない。お父さんの言うことが聞けないのか」

私は軽く叱りつけてから、指をぬかるみの奥……膣の中へと突き刺しました。

「あっ……んんん……」

私の侵入に驚いたように膣肉がきゅーっと締めつけてきました。

「おお……狭い……すごく狭いな」

経験者ということで、すでにガバガバになっていたらどうしようかと不安に思っていましたが、そんな心配は必要ありませんでした。まるでまだ生娘《きむすめ》であるかのように狭いんです。そのことがうれしくて、私は指先を曲げて女体の感じる部分をこすり上げてやりました。

「あぁっ……な……なに？　お父さん、そこ……気持ちいい……」

娘は私の手首をつかんだまま、体をくねらせます。Gスポットを責められたこともなかったようです。男性経験があるといっても、まだまだ未熟なセックスだったようです。

私は挿入した指先でGスポットを責めながら、親指でクリトリスをこね回してやりました。すると、娘の吐息が小刻みになっていき、すがるような顔で私に言うんです。

「ああ、ダメ……はああっ……もうイク。はあぁ……出る……お父さん、何か出る〜。はあぁあん、イ……イク〜。あっはああん！」

次の瞬間、娘の股間から、小便とは明らかに違う液体が噴き出しました。

「すごい！　潮吹きまでするようになったのか。晶子はもう完全な大人だな」

私が感慨深く言うと、娘は全身を真っ赤にしながら顔をそむけました。その恥じらいの様子がとてつもなくかわいいのです。

妻に先立たれて、もう十年以上。溜まりに溜まった思いが下腹部でもう爆発してしまいそうです。

「よし、体を洗うのはこれぐらいでいいだろう。続きは寝室でやろう」

私が言うと、娘は静かにうなずきました。

そして私たちは体についた泡をシャワーで洗い流して、浴室から出ました。

「お父さん、よろしくお願いします」

改まった口調でそう言うと、娘は全裸のまま気をつけの姿勢でベッドにあおむけになりました。緊張している様子がかわいくてたまりません。

「おう、任せとけ。俺は晶子の父親だから。ほかの男に穢された部分を全部きれいにしてあげるよ。こいつでね」

私はペニスを右手でしごきました。それはもうずっと勃起しつづけていたために、真っ赤に充血し、先端からは我慢汁がにじみ出ているんです。

「はあぁ……お父さん……」

私は娘におおい被さり、桜色の唇に自分の唇を重ね、そのまま舌を口の中にねじ込みました。

「うぐぅ……ぐぐぐ……」

娘はくぐもったうめき声を洩らしながら舌を絡めてきました。二人の舌がぴちゃぴちゃと唾液を鳴らし、娘の荒くなった鼻息が私の頬をくすぐります。

いつまでもそうやってキスをしていたい思いを振り切り、私は娘の首筋、胸、鳩尾《みぞおち》、ヘソ……と舐め回していき、股間の茂みにたどり着きました。

「さあ、股を開いておくれ」

「はあぁ……お父さん……こう？　こんな感じでいい？」

娘は両膝を抱えるようにしてM字開脚のような格好になりました。

私はその正面に移動し、娘の陰部をじっくりと観察しました。

陰部がこれでもかと突き出され、すでにとろけきっている肉びらがひとりでに左右に開いてしまっていて、内側の媚肉が剝き出しになっているんです。

そこはきれいなサーモンピンクで、愛液にまみれていてヌラヌラ光っています。

しかも膣口が呼吸するようにヒクヒクとうごめいていて、ものすごくいやらししまいました。ゴクンと喉が鳴ってしまい、私はそれをごまかすように陰部に食らいつきました。ぺろりと割れ目の内側を舐め上げると、娘の体がビクンと跳ねました。

「あああん、お父さん……気持ちいい〜」

「晶子がよろこんでくれてうれしいよ。それならもっと気持ちよくしてあげるからね」

私は娘の陰部をペロペロ舐めつづけ、さらには割れ目の端でぷっくりと存在を誇示しているクリトリスを舌先で転がすように舐めてやりました。

「あっ、ダメ、お父さん、イク！」

風呂場で潮を吹くほど感じまくった娘の体は相当敏感になっていたようで、あっという間にエクスタシーに達してしまいました。

ぐったりと四肢を伸ばし、ピクピクと体をふるわせている娘を見ると、もうこれ以上前戯に時間をかけることはできませんでした。

「それじゃあ、いまからこれで晶子のオマ○コを清めてやる。いいな？」

そり返るペニスを右手でつかんで、その先端を膣口に押し当てました。すると娘のオマ○コは、巨大なペニスをあっさりと呑み込んでしまうんです。

「ああぁん、入ってくるぅ……お父さんのオチ○チンが入ってくるぅ」

娘がうれしそうに言い、下から私にしがみついてきました。

「おおお……すごい！　晶子のオマ○コ、すごく気持ちいいぞ」

「あああん、お父さん……清めて……私のアソコをいっぱい清めて……」

私はしっかりと根元まで挿入した状態で、円を描くような動きで娘の子宮口をグリグリと刺激してやりました。

「よし、奥のほう……隅々まで、全部きれいにしてあげるよ」

「あっ……お父さん、それ、なに？　気持ちいい！　あああん、すごい〜！」

やはりこういう刺激も初めてのようです。それならもっともっと娘に初めての快感を味わわせてやりたくなってしまうのでした。

私は円を描く動きを続けながらペニスを抜き差しして、膣の中をまんべんなくかき回し、ほかの男が残した穢れをすべてきれいにしてやりました。

と同時に娘の乳房を舐め、乳首を吸い、手でクリトリスをこね回してやったんです。全身の性感帯を同時に責められて、娘は悲鳴のような声を張りあげました。

「あぁっ、もうダメ。はあぁっ……また……またイッちゃう！　あっはあぁん！」

娘はまたイッてしまったようです。と同時に、膣壁がきゅーっときつく私のペニスを締めつけました。

それはとんでもない快感で、このままだと私ももう限界だと思いながらも、官能にまみれたかわいい娘の顔がすぐ目の前にあると、私は腰の動きを弱めることができず、それどころかさらに強く激しく動かしてしまうのでした。

「ああっ……もう……もうダメだ。ううう……」

「お父さん！　いいよ！　いっぱい出して！」

その瞬間、ひょっとして娘は中出しされたことがあるのではないかと頭をよぎりました。だとしたら、子宮も清めてやる必要がある。

そう自分に言いわけするように考えた瞬間、ペニスが石のように硬くなり、その直後、尿道を熱い衝撃が駈け抜けるのを感じました。

「あっ、出る！」

そう叫んでひときわ強くペニスを突き刺しました。そして、子宮目がけて私の精液が大量に迸《ほとばし》ったのでした。

「はあぁ……お父さん……ドクドクしてる……」

「ああ……晶子のオマ○コは最高に気持ちよかったからな。でもこれで、また新しい結婚相手を探すことができるぞ」

私の言葉にはこたえずに、娘は下からしがみつき、私の胸に顔を埋めてしまいました。

そのあと、娘に新しい恋人ができたという話は聞きません。でも、いつ恋人ができてもいいように、私は週に二回は娘を抱いてオマ○コを清めてやりつづけています。

でも、どうやら娘はほんとうはファザコンだったのにいままで甘えることができなかったことを悔やんでいて、その分をいま、いっぱい甘えているようなのです。

それなら当分は新しい恋人はできずに、この関係が続いていくことでしょう。それはもちろん、私も願ったりかなったりなのです。なにしろ娘はとんでもなくかわいいのですから。

独身の男女にのみ許される集団夜這い「ナマで入れて」と懇願してくる豊熟女

三村武範　農業・二十五歳

ぼくの暮らす村には、まだまだ古い風習が残っています。

若者の流出を防ぐために、十代から二十代までの独身男女それぞれに集《つど》う場所が設けられているのです。いまだに男尊女卑の色濃く残る村なので、そうして男女を分けながら、それぞれの結束を硬くするのです。

ぼくは二十五歳になり、昔は脱退する年齢だったそうですが、いまは人数確保のために結婚するまでは組織の一員でいなければいけません。

男たちは若衆組と呼ばれて、公民館に集っては地域の規律やルールを確認し合ったり、村の問題点を話し合ったりします。そのほか、防犯防災の治安活動や、普請《ふしん》時の労働力の提供、祭りの進行役などやるべきことは多岐にわたります。

面倒だからと参加を拒否すれば村八分にされかねないし、親まで悪く言われてしまいます。

ぼくには姉が二人いて、最後に生まれた待望の長男ということもあり、祖父母や両親からとても大事に育てられてきました。たった一人の跡取り息子として、村のしきたりには従うものだと幼いころから教わってきたので、あたりまえのようにその集いに参加しています。

参加していくうちに、数少ない同世代と親しくなれるし、なにかと楽しいことにも出会えるのです。

なかでもとっておきの楽しみと言えば、年に数回許された、娘組の寝宿への侵入です。あくまでも村人同士が結婚するために与えられた出会いの場という前提ですが、ざっくり言ってしまえば集団夜這いみたいなものです。

時代の流れとともに、一時は廃止の危機もあったらしいのですが、この山深い村では、いまでも秘かに続いているのです。結婚成立過程の中で欠かせない訓練であり、調整機関であると長老は言います。

娘組も十代から二十代の娘たちが、娘宿と呼ばれる特定の民家に集まって籠《かご》を編《あ》んだり裁縫をしたりして夜なべ仕事をしています。そのままそこに泊る者が多く、おしゃべりなどをしながら女同士の親睦《しんぼく》を深めているのです。

宿の提供主は村長から厚い信頼を受けている主婦で、先輩として女たちにいろいろなことを教えるのです。そのなかには嫁入り前の娘に最も大切とされる性教育も含まれています。

娘宿に行く夜が近づくにつれ、村中の若者たちがソワソワしはじめるのは言うまでもありません。過去に何度も経験しているぼくでさえ落ち着かなくなるのだから、血気盛んな十代の男どもの期待感には並々ならぬものがあるのです。

事前に年長の者がその心得を説くのですが、「誰を狙うか」「あの娘だけは盗られたくない」そんな作戦でみんなの頭の中はいっぱいなのです。

なかにはすでに恋仲で律儀《りちぎ》に約束を交わしてる者もいますが、たいていの男は暗がりを利用して、ここぞとばかりにいろんな女を試したいと思っているのです。

もちろん誰だって狙った娘としたいけれど、ぼくくらいの経験者になると、そういう娘は競争率が高いので、あえてほかの男に抱かれている姿を見て興奮することも覚えました。

実はずっと思いを寄せていた娘がいたのですが、あまりにも本気になってしまいなかなか手を出せずにいたら、彼女は去年、ほかの男と結婚してしまったので、なおさら今回は適当に遊ぶつもりでいました。

前回のときはやせすぎの娘だったから、次はむっちりした巨乳をもんでみたいな、なんて考えていました。

当日、まずは景気づけに集会所で男同士酒を酌み交わし、時間になってぞろぞろと暗いあぜ道を歩いていきました。

「今夜、おなご衆はどんくらい集まってんのやろか」「今年は多いらしいで」などと口々に好きなことを言いながら、娘宿が見えてくるころにはみなだんだんと無口になって鼻息を荒くしていました。

立派な母屋と並んで少し離れた場所に、離れの家と納屋が建っていました。

蒸し暑い夜でしたが、母屋の雨戸はきっちり閉まっていて明かりも洩れていません。今夜の儀式を邪魔しないよう静かに奥で見守っているようでした。

離れの入り口に小さな明かりが灯《とも》されていて、男たちはそこに向かって足早に進んでいきました。

扉が開くと、我先にと男たちが土間を駆け上がり、なだれ込んでいきました。

部屋には、石鹸のような甘い香りがただよっていました。汗くさい男宿とはまるで違い、女のにおいが充満しているのです。

中は真っ暗でしたが障子が開いたままになっており、月明りや集蛾灯の明かりがところどころ差し込んで、ぼんやりとした輪郭は見えるようになっていました。

二間続きの二十畳くらいのスペースにびっしりと布団が敷かれていて、ざっと見て十五人くらいの女が雑魚寝をしていました。男女の数があまり違わないよう、宿主の奥さんがちゃんと調整するのです。

この村でもやはり晩婚化は進んでおり、ひと昔前よりも年齢層は上がっていて、なかには三十代の女もいると聞いていました。

どうしても顔を見られたくない女は、手ぬぐいでほっかむりをしたり、口元をおおって顔を隠したりしています。後々気まずくならないためですが、行為の最中で盛り上がればそんなものはまったく意味がなくなります。

女たちももちろん眠ってなどいないので、すぐにどこからか「アンッ」なんて声が聞こえてきました。

その声に触発されたかのように、男衆がいっせいに部屋の中に散らばっていき、あちらこちらから身悶える声や、衣擦《きぬず》れの音が聞こえてきました。

そんな声を聞くうちに、ぼくもムラムラしてきて周囲を見渡し、隅のほうで空いていた女の布団にそっともぐり込んでいきました。

いちおう決まりごととして大きな声で会話はしてはならないことになっており、もちろん互いに名前を聞いたりもしません。

夏掛けの薄い布団の中にもぐり込むと、ふっくらとした体にふれました。暗がりの中、手探りで女の体をなで回していると、股間はすぐに硬くなり、女の腹部にグイグイと押しつけていました。

「はぁ、ああん……」

女は両手で顔をおおいながら、顎を突き出して甘えるような声を出しはじめました。

もちろん女にも断る権利があって、どうしても受け入れたくない場合には小声で「堪忍」と言えば、男は無理強いをしてはいけないことになっています。けれども「堪忍」の言葉に逆に燃えてしまうやつもいて、決まりなんてあってないようなものでした。

実際にぼくも「堪忍して」と言った女のアソコがひどく濡れていたので無理やり挿入してみたら、思いのほか感度がよくて、何度もイカせたことがありました。股間を突き立てながら、寝間着の帯をはずしていくと、張りのある大きなおっぱいが飛び出してきました。

適当に選んだのに、運よく巨乳の女に当たったのです。だんだんと暗闇に目が慣れはじめて、感触だけでなく、体の輪郭やおっぱいの形まで見えるようになってくるとますます興奮しました。

そうなると、当然顔も見たくなります。

顔をおおっていた女の手をグイッとつかんで自分のイチモツを握らせました。

「すごいやろ？　今日はいつになくビンビンやで」

そんなことを耳もとでささやきながら顔を拝むと、あ、どこそこの○○ちゃんや、と気づきました。彼女とは直接言葉を交わしたことはないものの、親父さんとは親睦会などでよく話をする間柄です。

十九歳になったばかりの彼女は、ここに参加したのはまだ二度目のはずで、緊張している様子でした。

ふだんの彼女は、おとなしくて親に従順で、奥手な娘という印象でした。若い女は面倒くさいというやつもなかにはいますが、やはりピチピチと弾けるような肌の感触がたまりません。

おっぱいは張り詰めたゴムまりみたいに硬く、きつくもんでも指先が弾き返されてしまうような弾力がありました。

まだ青い果実といった感じで、年長者のぼくが上手くリードしてやらなければと思い、様子を見ながら愛撫しました。

優しく乳房をもみながらツンととがった乳首に舌を這わせると、「ヒィ」とうめいて体をすぼめました。

「アアッ、あかん、こそばゆい、ンフゥ〜」

恥ずかしそうにささやくわりに、自分から体をどんどん押しつけてくるのです。ふだんはつつましやかにふるまっている女だって、刺激のない村での生活の中で、その一大イベントを心待ちにしているのです。

時間の経過とともに、部屋じゅうに女の悲鳴にも似た声が溢れはじめました。

喘ぎ声に混じって、女のアソコをいじるクチュクチュという湿った音や、唾液をすり合うようなチュパチュパという音が耳に絡みついてきました。

ひと際激しくもみ合っている方角に目をこらすと、その寝床には、三人くらいの男が同時に襲いかかっていました。

女は素っ裸にされて背後から男に抱きかかえられ、開いた脚の間には別の男が頭を突っ込んでいる状態でした。

よく見れば、やはり村いちばんの美人と言われる娘でした。確か今年二十三歳なので、そろそろ本気で相手を選ぶのではないかと言われているため、適齢期を迎えている男たちも必死の様子でした。

周囲の姿態を盗み見しつつ、相手の娘の股間に手を伸ばしていました。

下着の中に手を突っ込むと、そこはすでにぐっしょり濡れていました。湿った陰毛を指先でかき分けていくと、乳首と同じようにコリッととがった小さなマメが当たりました。

なかなか感度がよい女だと喜びながら、指の腹でマメをこねてみると、両太腿をぴっちり閉じられてしまいました。

「アアッ、あかん……そこも、こそばい」

これはじっくり教え込むしかないなと布団の中にもぐり込み、両脚を左右にこじ開けて、陰部に舌を突き立てました。

すると女は布団の中のぼくに向かって、

「優しくしてな。うち、初めてやねん。前は、痛くて入らんかったから……」

と告白してきたのです。

この村では処女のまま嫁に行くなどけしからんという風潮もあり、女も必死で処女を捨てたがっているのです。夫に尽くすため、性交渉は嫁入り前に知っておくべきたしなみなのです。

処女を相手にしたことがないため一瞬怯《ひる》んだものの、自分だって性の技巧にそれほど自信を持っているわけではないので、優位に立つおもしろ味を味わってみようと思いました。

これだけ濡れていれば、意外と簡単に入るだろうとまずは指をねじ込むと、女の体が力み、同時に指がキュキュッと締め上げられました。

その窮屈さを知り、ぼくの下半身にもさらに力がみなぎってきました。

これは入れたら即、発射してしまいそうだ、はらませないように気をつけねばと考えて、はやる気持ちを抑えつつ避妊具を装着しました。

ところが、ゴムを被せた亀頭を陰部に押し当てて腰を突き出した瞬間、女は体を突っぱねて、「痛っ！」とうめき、腰を引いてしまったのです。

「ほな、もういっぺん、力抜いて。大丈夫、今度はゆっくり入れたるから」

カリ首まではなんとか入るのですが、なかなかうまくいかずあせるばかりです。

そのとき、かたわらに寝ていた女に腕をつかまれました。

ほんの少し前まで、その女にもほかの男が跨っていた気配があったのですが、自分が処女と苦戦している間に一戦終えていたようでした。

半裸姿で髪を振り乱していて、顔はよく見えませんでしたが、その口調から自分と同年代か年上の女であることがわかりました。

「無理したらあかんよ。あんたのが立派すぎるん違うか？　こっちにおいでよ」

ぼくはもう入れたくてウズウズしていたので、誘われるままにすぐにその女の布団にもぐり込んでいきました。

乗り捨てた彼女には、それをかぎつけた処女好きの男たちがバタバタと群がりはじめていました。

誘ってきた女の体は、処女の娘よりも遥かにふくよかでなめらかな感触でした。乱れた浴衣からこぼれ出ているおっぱいは、もむとつぶれてしまいそうなほど柔らかく、無我夢中で吸いついていました。

大きな乳首は口の中でぷっくりとふくらみ、舌先を動かすたびに女の腕がきつく背中に巻きついてきました。

「ハァ、気持ちええ、ンハ、ンハァ～」

淫らに喘ぐ女の胸に顔を埋めていると、ようやく自分の快楽をむさぼることのできる喜びが溢れてきました。やはり未熟者の自分には経験のある年増のほうが合っているのだとしみじみ思いました。

女は挿入を急《せ》かすみたいに自ら両脚を大きく広げて腰を突き出してきました。

「アアッ、もう、ゴムなんていらん、ナマがええんよ、ナマで入れてぇ！」

断る理由はありません。一度は装着した避妊具をはずして女のアソコにぴったりと押しつけました。前の男の精液なのか、女の愛液なのか、そこはもうドロドロの沼地のように濡れていました。

そり返ってがまん汁を滴らせていたイチモツを握り締めると、もう片方の手でヌルついたヒダを押し広げ、中心に向かってズブッと突き立てました。

するとそれは、あっけないほどスムーズに、女のアソコにすべり込んでいきました。入れてやったというよりも、吸い込まれてしまったような感覚です。

女はよほど経験が豊富と見えて、巧みな腰づかいでぼくのモノを根元まで咥え込んでいったのです。女の体に包まれていく気持ちよさに身を委《ゆだ》ねていました。

「おっきくて、すごくええわぁ！　これじゃ初めての娘には無理やろな」

すぐ横に窓があり、雲間から月が現れると、あおむけに寝た女の肉体がぼんやりと白く浮かび上がりました。

むっちりと張り出した腰をひねりながらよがる様はとても卑猥で、見ているだけでもゾクゾクしました。

「ううっ、出るぞ。ええのか？　ほんまに中に出してもええねんな？」

耳もとでささやくと、女もハァハァ喘ぎながら腰を動かしてきました。

「出して。あっ、気持ちええ、もっと奥まで来てよ、ウフ、ン！　イク〜」

勃起してからじらされつづけていたイチモツがさらに膨張し、女の中にドビュッと発射していました。

こんなにも相性のいい女なら、少々年上でも嫁に迎えてみたいと思いました。いったいどこの娘なんだ？　ひょっとして同級生かもしれない、などと気になりはじめ、どうしても顔を見てみたくなったのです。

上半身を抱き起こし、月明りの差し込む位置に顔を向けさせました。

顔を見た瞬間、思わず「あ！」と叫んでしまい、女の手で口をふさがれました。

顔見知りどころか、小さいころからかわいがってくれていた叔母さんだったのです。

四十六歳で娘が三人いるのですから、どおりで手練《てだ》れだったわけです。

もちろん既婚者の参加は許されていませんから、宿の奥さんに無理を言ってまぎれ込んだのでしょう。

「しっ！　どうしても姉ちゃんが来たい言うから、内緒でもぐり込んだんや」

姉さんとはつまり、叔母より五歳年上の、ぼくの母のことでした。

「あんたもそろそろ嫁はん決めるころやろ？　どこぞの娘に盗られる前にって」

耳もとでささやかれながらふとあたりを見渡すと、すぐ横の壁際の布団から、母が顔を半分出してこちらをうかがっていました。

そこへ男が乗りかかろうとしていたので、急いで追っ払い、母の布団にもぐり込んだのです。

そんな、まさか、母さんはほかの男にやられていないよな？　とっさに頭に浮かんだのはそんな心配でした。

「おかん、何やっとんねん！　こんなところにおったら犯されてまうやないか」

「大丈夫や、危なかったけど必死で断った。お前に会うために来たんやから」

二人して布団をすっぽりかぶったまままささやき合っていました。

「よそのおなごに盗られる前に、どうしてもお前を抱き締めたかったんよ」

母にぎゅうっと抱き締められると、照れくさいような気もしましたが、それでいて、うっとりするような心地よさを覚えたのです。

母の襟元は、誰かに無理やり引っぱられたように半分脱げかかっていて、大きな乳房の谷間がのぞいていました。

なめらかな胸の谷間に鼻先を埋めると、かぎなれた母のにおいに包まれました。

「こんな機会はもうないかもしれんよ。今日はうんと甘えてええよ」

姉二人はとっくに嫁いでしまったので、ぼくだけが生きがいなのだと、ことあるごとに母に言われていました。

父は昔ながらの亭主関白で、よく浮気していました。そのたびに陰で泣いてる母を小さいころから見てきたので、いつも自分が母を守らねばと思っていました。

そのせいか、人一倍マザコンの気が強いことは自覚していました。

そんな母がこんな場所に、危険を承知でもぐり込んでくれたと思うとうれしくてたまりませんでした。

母の手は、優しくぼくの背中を撫でたあと、ゆっくりと下りてきて、股間のあたりをまさぐってきました。

そこは、叔母の中で発射した直後なのでだらしなく萎《しお》れていました。

「早く呼んでくれないから、おばちゃんとやっちゃったよ……」

母は「フフ」と笑いながら、ぼくのイチモツをそっと握り締めてきました。

「母さんがもういっぺん、おっきくしたろ。ほれ、もうムクムクしてきた」

母の手つきも叔母に負けないくらい優しく、それでいていやらしい大人の女独特のものでした。

母と叔母はよく似ていて、昔から美人姉妹と言われていたそうです。さすがにいまは普通のオバサンですが、その昔この娘宿で、二人の布団には列ができたという言い伝えがあるほど、村じゅうの男どもをとりこにしていたそうです。叔母とでもあれだけ気持ちがいいのだから、母との相性はもっといいかもしれない、そう思うと股間が再び熱く燃えてきました。

ニョキッと勃起しはじめると、母はそれを口に含んでねっとりとした舌づかいで舐め回しはじめました。

「まあ、いつの間にかこんなに立派になったんだねえ。ほんまに自慢の息子や」

誰にも邪魔されたくないと、布団をすっぽりかぶったままフェラをしてもらっているうちに相手が母親であるという罪悪感も薄れていき、襲いかかってくる快感にどっぷりとつかっていきました。

母は舌先を竿に巻きつけながら、ときおり玉袋まで舐め回してきました。

「アアッ、あかんわ。こんなに硬いやつを舐めてたら入れたなってくるわぁ」

母がつぶやきながら、ぼくの体に馬乗りになってきました。

「オレも母さんの中に入れてみたい！　あかんかな？　あかんよなぁ」

そう言いつつ、こんな機会は二度とないかもしれないと思い、母の陰部に手を伸ばしていました。濡れたマメにふれると、母は大きく体を揺すりました。

「アッ、アッ、そこ弱いねん、ウグッ！　そんなんされたら我慢できへん」

うめくようにささやいた母は、ぼくの股間を握り締めると、濡れそぼった裂け目を押しつけてきました。

いけないと言いながら互いに陰部を押しつけ合っていたのです。

躊躇《ためら》いながら入れた亀頭は、すぐにヌプッと奥深く吸い込まれていきました。

母の中はとても温かく、深く、柔らかく、まるで濡れたビロードに包まれているような感触だと思いました。母のものだと思うとほかの女とは違い、何か特別なもののように感じたのです。

少し腰を動かしただけですぐに射精しそうになってしまい、母をいかせるまではと必死でこらえていました。

「ハァ、カチコチや、やっぱ息子のはええなあ！　父ちゃんのより気持ちええ」

「イクゥ！」と叫んだ母の、幸せそうな目尻のしわはいまも忘れません。

今回も嫁を決めることはできず、この先、母以上の女に出会えるのか不安です。

夫を亡くした私を慰めてくれる義弟との相互観賞オナニーで燃え盛る欲情と悦楽

倉橋紗栄子　無職・四十三歳

私と弟が、なぜいまのような関係になってしまったのか。それをお話しするには、ある風習について説明しなければなりません。

私が生まれた北陸のある地方には、未亡人に限って夜這いが許されるという珍しい風習があります。いつごろから、どんな理由でそんな習慣ができたのかは知らないのですが、後家《ごけ》というものを大切にするという気持ちから、夜這いをしても見て見ぬふりをするのがあたりまえになったようです。

これだけ聞くとなんだか未亡人への思いやりのように思えるのですが、もちろんそれはゆがんだ思いやりです。夫がいなくなった女を共同体の共有の財産であるかのように考えて、大勢の男たちの欲望のはけ口にする。考えてみれば、ずいぶんと乱暴な風習なのです。

とはいえ、それは自分には関係のないことだと思っていました。確かに漁村なので海の事故で亡くなる男性はいます。でも二十二歳で結婚したときには、まさか自分の夫がそんな目にあうとは思ってなかったし、私自身が夜這いされる立場になるとも思っていませんでした。

でもそんな不安を抱えていた私を救ってくれたのが、弟だったのです。

弟の賢治《けんじ》とはひと回り離れています。ただし、弟といっても、父の後妻の連れ子で血はつながっていません。そんな賢治はとてもおとなしくて優しく、私のことをほんとうの姉のように慕ってくれました。そんな弟を私もかわいがっていたため、二十二歳で同じ村の網元の次男坊と結婚して家を離れたときは、心の底からさびしさを覚えたものです。

それだけに私が里帰りしたときに、まだ中学生だった賢治が私の使用ずみの下着をこっそり持ち出して部屋で顔を埋めながら右手を激しく動かしている姿をたまたま見てしまったときには、少なからずショックを受けました。

もちろん年ごろなんだから仕方のないことだし、姉弟といっても血はつながっ見てないのだからと思って自分を納得させ、とり立てて大騒ぎすることもなく、見て見ぬふりをしたのです。どうせたまにしか会わないのだし、これくらいのことは大目に見てやろうと思いました。あとで考えてみたら、その出来事は、私と賢治とがあんないけない関係になってしまったことへの布石だった気もします。

結婚生活は順調でした。子どもが出来なくてつらい思いをしましたが、夫も優しくて幸福な日々を送っていました。でもそれは三年前に夫が海難事故で亡くなるまでのことでした。船が転覆して三人が命を落とした事故だったのですが、犠牲者のなかに夫の名前を見たときは足元から崩れ落ちました。

そのころすでに賢治は村を出ていましたが、すぐに駆けつけてくれ、懸命に慰《なぐさ》めてくれました。それでもなかなか気持ちの整理がつかず、葬儀が終わっても、うつろな気分だったのを覚えています。

もちろん、未亡人には夜這いをかけるという風習のことは頭にありました。もしかしたら初七日も明けないうちから誰かが忍んでやってくるかもしれないという不安もありました。

そんな私を心配したのか、賢治は自分の仕事をほっぽりだして家に泊まってくれました。

「いくら悲しんでても死んだ人は戻ってこないよ。いますぐとは言わないけど、少しずつ旦那さんのことは忘れて、前向きにならなきゃ。おれがいつもで力になってやるからさ。お姉ちゃんの望みならなんでもかなえてやるから」

「あんた、そんなカッコいいことはね、自分の彼女に言いなさいよ」

賢治に彼女がいないのは知ってました。ちょっと意地悪を言ったのです。

「おれは姉ちゃんが立ち直るまでは彼女なんか作らないよ。それまでは、お姉ちゃんのためにがんばるつもりだよ」

そんなことを明るく言ってのける賢治の気づかいにどれだけ助けられたかわかりません。ああ、旦那はいなくなったけど、でも私には賢治がいる。そう思いました。そしていつの間にか、そんな賢治を一人の男として見ていたのです。

ふと、あの日の記憶、賢治が私の汚れた下着を使って自分を慰めていたときの光景が頭によみがえってきました。そうだ、賢治は昔から私のことをあんなに思っていてくれてたんだな。そう思いました。

だからといって、賢治を一人の男として見ていたつもりはないのです。だからあの展開は自分でも思いがけないものでした。

夜になるとさびしさに押しつぶされそうになり、同時に体の芯も疼きはじめました。別の部屋で眠っているはずの賢治のことを思うと、なぜか全身が熱くほてってきました。そしてとうとう自分の気持ちを抑えられなくなり、いけないと思いながらも賢治の寝床に忍んでしまったのです。

「何してんの？　どうしたの、姉ちゃん」

彼はびっくりした顔をしました。

「いいでしょう？　私、知ってるんだよ。昔、あんたが私のパンツでヘンなことしてたの、こっそり見たんだから」

照れ隠しにそう言いました。

「え、まじで？」

「ねえ、いまも私のこと好き？」

私の直球な質問に賢治は目を見開いていました。

「そ、そりゃあそうだよ。おれがいまも彼女作らないのは姉ちゃんがいるからだよ。姉ちゃんのパンツでこいたセンズリの気持ちよさは、いまでも忘れないよ」

その言葉が私に完全に火をつけました。

私はあたりまえのように賢治にキスをして、そのまま抱き合いました。そのあとは、もうただの男と女になって絡み合ったのです。

「だったら、私、責任とらなきゃね。賢治だって男なんだから欲求はあるんでしょ？　それを私が満たしてあげるね」

「でも……」

「もしかしたら私、夜這いかけられるかもしれないんだよ。だったら、あんたとしたほうがいい」

夫が亡くなったせいで自分が大胆になっていました。私は寝間着の上から賢治の股間をまさぐり男のモノを確かめました。それは寝間着ごしにもはっきりとわかるくらいに熱くなっていました。

「姉ちゃんのパンツの中を見たくない？」

自分でもびっくりするような大胆な言葉が口から出てしまいました。すると賢治はとても驚いた顔をしながらも激しくうなずきました。

「い、いいの？　見せてくれるの？」

「あんた、私のボディガードなんだもん、これくらいサービスしなきゃ」

私はパジャマのズボンを脱ぎ、さらに下着もとりました。でも、さすがに恥ずかしくて足を閉じていたのですが、賢治の目がランランと輝いているのを見ると、溜まっていた性欲が一気に溢れるのがわかりました。

「じゃあ、見せるね、賢治が見たかったところ」

思いきってM字開脚になりました。四十路《よそじ》になって少し濃くなった陰毛と、その陰に隠れた女の部分に賢治の熱い視線が注がれました。その視線を感じるだけで、そこがドッと濡れてくるのがわかりました。若いころは細くて引き締まっていた私の体は、そのころはむっちりとしていました。賢治の目に私の肉体がどう映っているのだろう。それを考えるとドキドキしました。

「ここが見たかったんでしょ? ねえ、見ていいよ」

賢治は思いきり顔を近づけてじっとそこを見ています。しかも我慢できなくなったのか、股間をもみしだき、やがて寝間着もパンツもおろして大きな男性器を露出させてしまいました。それはもう完全に勃起していて赤黒い色をしています。そのくせ先端はツルンとしたピンクの艶があって、それがとても卑猥です。

ひと回り年下のペニスなんだと思うと、すごくおいしそうに見えました。

「賢治、あんた、手が動いてるよ」

賢治は我慢できないというようにそれをしごきはじめました。すると一気に先端が濡れてきて、ますますいやらしい男性器になりました。

「ナマで見せられたら、もうたまんないんだよ」

「賢治ったらいやらしいね。姉ちゃんもヘンな気分になるじゃないの」

賢治の手が上下するのを見ていると、そのうち私もおかしな気分になってきました。旦那を亡くして、これからどうやって自分の欲求を満たしていけばいいのだろうなんて私も考えないわけではありません。もともとオナニーは好きでしたが、これからはずっと自分で慰めることになるんだろうかと思っていたところに、賢治のセンズリを見せられたのです。ムラムラするのは当然です。私は賢治のセンズリを見ながら自分でもクリをさわりはじめました。賢治の前で恥ずかしかったけど、欲望のほうが勝っていました。

「姉ちゃんもオナニーしてるの?」

「だって賢治がしごくの見てたら我慢できなくなったんだもん」

あっという間に愛液が溢れてきました。指先にそれをすくって敏感なクリにぬりつけて刺激するのを間近で見られて、ますます濡れてきました。

それを見て賢治のほうも、ますます興奮してきたのか手の動きがますます速くなります。おまけに先端からは先走りの液が垂れてきて、サオを滴り落ちています。私は指でそれをすくいとり、舌で味わいました。自分が弟を相手にそんな淫らなことをしていると思うと頭がボンヤリしてきました。

私たちはそうやってしばらくはお互いのオナニーを見せ合っていました。

ほんとうだったらそれで十分だったのです。賢治が発射して、それを見ながら私も達する。それだけで満足してもよかったはずなのに、でもそこまでいくと、もう我慢できません。それはお互いに思っていたことです。

「ねえ、このまま最後までイってよね」

いちおうはそう言ってみたものの、でも心の中ではもっと別のことを期待していました。案の定、賢治は不満そうな声をあげました。

「ここまできたら、もう我慢できないよ」

「何言ってるの、私たちは姉と弟なんだよ。こうやってオナニー見せ合ってるだけでもヤバイのに、これ以上のことは許されないよ」

「そりゃわかってるよ。だからおれだって、ずっと我慢してきたんだよ」

「あら、賢治、私のことを犯そうなんて思ってたの?」

またしても意地悪な気分になりました。いま思えば、私はそうやって賢治の欲望に火をつけようとしていたのかもしれません。

「それじゃあ、未亡人になった私に夜這いしようとしてる村の男たちと同じじゃない。賢治もやっぱり、やりたいだけの男なんだね。きっと女なら誰でもいいんでしょ?」

「違うよ。おれが好きなのは姉ちゃんだけだよ」

賢治はムキになりました。かわいい。きっとそう言うだろうと思っていたのですが、実際に言われると胸がうずきました。

「姉ちゃんのことが好きだから、今夜もこうやって村の男たちから守ろうと思ってやってきたんだよ」

「ほんと? そう言われると、姉ちゃんもうれしいよ」

それは本心でした。

このまま賢治とセックスしたい。もしも村の人たちに犯されるくらいなら、賢治にこのまま犯されてもいいと思いました。もしかしたら私は昔から、こうなるのを待っていたのかもしれません。

「じゃあさ、口でしてあげようか?」

思いきってそう切り出すと賢治は目をギラつかせました。

「いいの?」

「いいよ、男はみんな、おしゃぶりが大好きだよね」

私は賢治の足の間に顔を寄せて、それに舌を伸ばしました。汗のにおいに混じってオス特有の強烈な性臭が鼻をつきました。いやではありません。ますますムラムラしてしまい、一気に口に含みました。モワッとする空気が口の中に満ちて、すごく淫乱な気分になりました。

口をきつく締めたりゆるめたり、舌を動かしたり絡めたり、唾液をまぶしたり、ともかく私が知っているテクニックを駆使して賢治の男性自身を愛撫しました。そんなふうに「女」というよりも「メス」の部分を賢治にさらすのはかなり恥ずかしかったのですが、でも賢治は私の口淫のテクニックに素直に感じて、男のくせにけっこう声を洩らしていました。

「賢治って、すごく喘ぎ声出すんだね」

「そんなこと言うなよ！　姉ちゃんがテクニシャンだからだよ」

「ねえ、今度は賢治も舐めて。クンニしてよ」

そんなことをはっきり口にするのは生まれて初めてでした。死んだ旦那の前でも言ったことはありません。でも、なんだか賢治の前では言いたくなりました。

「思いきりクンニして姉ちゃんを感じさせて」

賢治は露骨にエロい顔をして私の股間に顔を埋めてきました。そしていきなり舌を伸ばしてクリトリスから割れ目のほうを舐め回しました。

「ああ、ねえ、おいしい？　姉ちゃんのアソコ、どんな味？」

「おいしいよ、姉ちゃんのアソコ、すごくおいしい」

卑猥な言葉を口にしながら音を立てて舐めまくる賢治の頭を思わずグイグイと押さえつけました。おかげで賢治の顔は愛液でドロドロになってしまいました。

やがて我慢できなくなった私は、シックスナインの体勢になってお互いに舐め合いました。賢治の顔前に恥ずかしい部分が全開になっていると思うと、ますます淫らな気分になってきて、私は性器もお尻の穴も賢治の顔にこすりつけました。もともとシックスナインは大好きなのですが、弟相手だと興奮度が倍増しました。

「姉ちゃん、アナルまでヒクヒク喜んでるよ」

「バカ、そんなこと言わないでよ」

私たちには血のつながりはないといっても世間的には姉と弟なのに、お互いの性器を舐め合ってる。そう思うと頭がしびれてボンヤリしてきました。

「もうダメ、ねえ、我慢できなくなっちゃった。入れようよ」

「え？　いいの？」

さすがに賢治が息を呑みました。でももう途中でやめることはできません。それはお互いにわかっていました。

最初の挿入は私が上でした。

ピンと上を向いている太いサオに跨って先端を入り口にあてがいました。そこはもう十分に濡れていました。だからすぐに入るかと思ったのですが、でも思ったよりも賢治のそれは太くて、なかなか入りません。きつくて窮屈な感じがあって、ゆっくり腰を落としてからやっと挿入しました。

「賢治、あんたの大きいね」

「ほ、ほんと？　姉ちゃんのアソコ、狭くて気持ちいいよ」

「センズリよりも気持ちいいでしょ？」

そう言いながらゆっくり動きました。賢治の大きさや硬さに慣れるように、少しずつ腰を上下させたのです。動くたびに快感が広がりました。アソコを中心にして全身にしびれが広がるのがわかりました。久しぶりの挿入、しかも血のつながりがないとはいえ弟です。罪悪感がスパイスのようにきいて、それまで味わったことのないような気持ちよさでした。

「どう？　賢治、気持ちいい？」

「ああ、最高だよ、センズリの何十倍も気持ちいいよ」

「私も感じてる、賢治のアレがちょうどいいところに当たるの。こんなの初めてだよ。あんたと私、もしかしてセックスの相性がいいのかも」

つい本音《ほんね》を洩らしました。それくらい感じていました。正直、旦那とのセックスでは感じなかったような快感を味わっていました。

「ここ？　姉ちゃん、ここがいいの？」

賢治もだんだんわかってきたのか、下から狙いを定めて突き上げてきます。そのたびにズンズンという振動が私の子宮を刺激して、気がつけば大きな声をあげていました。もともと私、喘ぎ声が大きいのですが、そのときはいままで出したことのないような声だったと思います。

賢治の胸に両手をついて夢中になって動きました。

そしたらアソコからは新しい愛液がどんどん溢れてきて、動くたびにグチュグチュと卑猥な音が聞こえます。そんな経験は初めてなので恥ずかしいやら興奮するやらで、ますますいやらしく動いてしまいました。

賢治も切なそうに顔をしかめて感じています。私はいま、弟と交わっているんだ、絶対に許されないセックスをしているんだ。なんだか村の男たちに見せつけてやりたくなりました。もしかしたら、私に夜這いしようなんて思っている男たちがいまの二人を見たらどう思うだろう。姉と弟でまぐわっている私たちを見て、引いてしまうだろうか？　それともますます興奮するのだろうか？

そこには賢治と私の二人しかいないのに、なぜか大勢の村人たちが周りで見ているような気がしました。夜這いの風習のある村で、夜這いされる前に姉と弟でセックスするだなんて、とてもあさましいことです。でもそれが私には快感の起爆剤だったのです。

すると今度は賢治が上になりました。

上になった賢治は、やはり男だけあって大きな体でした。もう何年も前、私のパンツでセンズリこいていた弟が、いま、こうやって私とひとつになっている。そう思うと、また新しい愛液が込み上げてきました。

「賢治、すごくいいよ」

「お、おれも、たまんないよ。もう出そうだ」

「中はダメだよ、いちおうは姉と弟なんだから。でも好きなところに出して」

そんなことを言い合いながらお互いにゴールが近づいてきました。周りで村人たちが盛り上がっているような気がしました。

ねえ、見て、私、賢治にイカされるんだよ。

そう叫びたい気持ちでした。

やがて賢治はギリギリの瞬間にサオを抜くと、私の顔に熱い精液をたっぷり浴びせました。まさかの顔面発射は口の中にも流れ込みました。でも、たまらなくおいしい味でした。それを味わいながら私も達したのです。

それ以来、賢治はたびたび帰郷するようになりました。そして秘密の関係はいまも続いています。結局、誰も夜這いに来ることはありません。もしかしたら私と賢治との関係を、みんなうすうす知っているのかもしれません。それならそれでいいと思っています。これがいつまで続くのかわかりません。やがて賢治にも恋人ができて結婚するのだと思います。でもそれまでは、いまの関係を大切にしていきたいと思っているところです。

第三章

罪深き牡の猛りと姦淫に溺れる牝の性

背徳の相姦体験——田舎に残る禁忌と秘習

出稼ぎ家庭の留守を預る四十路妻たちは満たされぬ淫欲を息子の肉棒に託し……

田中秀樹　会社役員・六十七歳

私が生まれたのは東北の日本海側で、とても貧しい農村でした。

とはいえ私が高校生のころは、日本は高度経済成長期の真っただ中でしたので、都会には土木作業などの稼げる仕事が山ほどあって、村じゅうの働ける男たちは、こぞって東京に出稼ぎに行くという状況だったんです。

交通費がもったいないので、男衆は正月にも帰ってこないことが多く、村には一年じゅう、女子どもと老人しかいないような感じでした。それでも農業は村の礎《いしずえ》ですから、残された女房たちを中心に、先祖から続く田畑を守っていました。

もちろんうちの家族も、祖父と父が東京に出稼ぎに行って、祖母と母、高校生の私と中学生の妹で、そんな暮らしをしていました。

いま考えれば、母の負担は相当なものだったと思います。炊事、洗濯、農作業、私と妹の世話……身を粉《こ》にして働いても、発散する術《すべ》がないのですから。父、つまり夫がいれば、話も聞いてもらえるでしょうし、なにより抱いてもらうことで、女として満たされる部分がすごく大きかったと思うんです。

私はもう還暦をとうに越していますので、人間の生理もある程度わかっているつもりです。女性は子育てにひと段落すると、性欲が大きくなっていくものなのです。それまでは母親としての母性が性欲に勝り、セックスなしでもあまり苦ではなかった体が、性的な満足感を求めて疼くようになるのです。

男は十代、二十代の若いときが万年発情期というか、セックスしたくて仕方ないものです。だけど女性にとってセックスはどうしても妊娠、出産という人生のいち大事に直結していますから、いくら興味があっても、欲望のままにセックスすることには二の足を踏むのです。ところが子どもを産んで、ある程度大きくなって手がかからなくなると、自分のためにセックスしたくなるのです。

それがだいたい四十代の女性ということになります。

出稼ぎ家庭の留守を守る女房たちは、まさに四十代が多く、実は体を満たしてくれる夫が最も必要なのに〝いない〟というとても不遇な存在でした。

ですから、当時の村には、夫が出稼ぎからめったに帰ってこない家の女房は、家にいる〝息子〟とまぐわってもいいという暗黙の了解があったようなのです。きちんと確かめたわけではないので、ほんとうにほかの家でも行われていたのかどうかわかりませんが、とにかく私は高二のとき、村の決まりに則《のっと》って、当時四十代半ばだった母親とセックスしたのです。

もともと村には、母子相姦の風習があったようなのです。昔から飢饉《ききん》や疫病、戦争などで男衆がすごく少なることが何回かあって、そのたびに母子相姦で女性を鎮《しず》めてきたというのです。他家の男とまぐわうよりは、家族の中で処理するほうが、村の秩序が守られるという理由が大きかったようです。

私と母がまぐわったのも、その名残だったのかもしれません。

きっかけは、母の自慰行為を見てしまったことでした。ふだんの母親とは別人のように淫らな表情で、自らヴァギナをさわっていたんです。疼く体を満たしてくれるはずの父がいなくてやりきれない思いが、すごく伝わってきました。

その日は、高校が短縮授業で部活も中止になったので、私はいつもよりかなり早めに帰宅したのです。私が自分の部屋に行くには、母と父の寝室になっている座敷の前を通るのですが、わずかに障子が開いていました。

なにげなく中をのぞくと、母が布団の上にあおむけになっていました。いつも家で着ていた綿のワンピースのすそがめくれ上がって、白い下半身が露《あらわ》になっていました。右の足首にパンティが絡まっていました。膝を立てM字のように脚を広げて、その間に右手を差し込み、股間をいじっていました。

「はっ、あぅ、気持ぢいい」

荒い息づかいと、押し殺した声まで聞こえてきました。

「……も、もう、我慢でぎねえ」

そうささやいた母が、指を女性器に挿入していくのがわかりました。

「あぁあっ、あうぅぅ」

私は息を殺して、微動だにせず、凝視していました。黒々とした陰毛の下、手首を使って、二本の指をヴァギナに突き刺す光景が迫ってきました。

「わだしったら、まだ、こんなこど……あぁっ」

金縛りにあったように身動きできない私でしたが、トランクスの中では痛いほど勃起したペニスが、ビクビクと脈打っていました。

「見で、見で、わだしのべべチョ！」

母がオマ〇コの方言を口にするなんて、思ってもいませんでした。しかも私がのぞいているのを知っているような口ぶりに、全身から汗が噴き出しました。すると母が訴えるように言ったんです。

「ああっ、あんだ、もっと、もっと入れで！」

やはり父とのセックスを思い描いているようでした。深く突き入れた二本の指で、ヴァギナをグチャグチャとかき回しながら、股間をグイグイとしゃくり上げていました。やがて母の全身が痙攣しはじめました。

「もおっ、イグ、イッぢまうって！」

黒髪を振り乱して、太腿で自分の右手を締めつけ、顔をそり返らせて天井を仰《あお》ぎ、弓のようにしなった母の体が、ビクッ、ビクッと何度もはぜました。

「ああぁーッ、もう死んじまうッ！」

それ以来、私は寝ても覚めても、母のオナニーが頭から離れませんでした。

そして、それは正月のことでした。冬は雪におおわれる村では、毎年、大みそかに家の男がかまくらを作るのが一年を締めくくる行事になっていました。年が明けると、家の女性を一人ずつかまくらに招待して甘酒をふるまうのです。うちは男手が私だけだったので、一所懸命に一人で作り上げました。妹、祖母と一年の計などを話してから、いよいよ母をかまくらに招き入れました。

二人きりで感謝を口にしてから、私は意を決して口にしました。

「おっかぁ、おら……おっかぁと、べべチョがしてえ。おっとうの分まで、おっかぁを気持ちよくしてやりてえんだ」

母は一瞬だけ驚いた顔をしましたが、すぐに笑顔を浮かべました。

「……ありがどな、秀樹《ひでき》」

その夜、つまり元旦の夜、私は母とセックスしたんです。オナニーをのぞいたあの座敷で布団に入っている母のもとへ、夜這いのように忍んでいきました。

「ほんどに来たんだね」

そう言って母は布団の中に迎え入れてくれました。部屋の中まで深々と冷える夜なのに、母の布団の中はぬくもりが充満していました。

そのころの母は、いつもガーゼでできたような寝間着を着ていました。そのときの私は、パジャマ代わりにしていたジャージを着ていました。

「秀樹、こんなにおっきぐなって」

そう言って母は、私を抱き締めるようにしてくれました。包むように抱かれると、母の体はふくよかで柔らかくて、すごく心が落ち着きました。

「んでば、いいんだな？　おっかあが気持ぢよぐなって」

「うん、うん、おら、がんばっから」

「秀樹は……したごど、あんのげ？」

「……ねえげど」

すると母はうれしそうに微笑んで、横向きに並んで寝たまま、両腕で私の頭を抱き締めました。

長い長いキスでした。髪をなで回すようにしながら唇を重ねてきたんです。

半開きの唇の間で、舌と舌がいつまでもなぶり合い、やがて激しく絡みつき、きざな言い方ですが社交ダンスのようにスウィングしていったんです。私はファーストキスでしたから、すべて母のリードでした。

「ん、んは、あふぅ、んん、はあっ」

色っぽい鼻息が洩れはじめたころ、母の指がジャージの上からペニスを握ってきました。唇を離した母が、ジッと私の顔を見つめてささやきました。

「……秀樹、カチカチだな。すげえ硬いよ」

すると今度は、私の右手をとって、自分のショーツの中に引っぱり込んだんです。私の指先はふっくらとした下腹部をなで下りて、柔らかい陰毛の感触を通り過ぎ、そのまま蜂蜜をまぶしたような熱いぬかるみに達していました。

「あぁっ、そこ」

幾重《いくえ》にも折り重なった粘膜のヒダが、ねっとりとまとわりついてきました。

「どうだい？　ヌルヌルしてんべ」

「う、うん……すごぐ」

「なぁ秀樹、いっしょに……気持ぢよぐなっぺな」

そう言うと母は、私の指をいったんショーツから引き抜き、身を起こしました。掛け布団がとり払われて、母は正座になりました。寝間着を脱いで、後ろ手でブラジャーをはずし、ショーツもとって、全裸になりました。

「初めての女が……おっかあでいいのげ？」

たわわな乳房、陰毛におおわれた股間、むっちりと大きいヒップ……。

「おっかぁ、おら、おら……」

どうしていいかわからない私の上半身を裸にすると、全裸の母がゆっくりと移動して、あおむけの私の両脚の間にうずくまるように体を入れてきました。

「最初はジッとしてで、おっかぁがすっから」

そう言うとジャージと下着を脱がせて、ペニスをめくり出してしまいました。半分かぶっていた皮に母がさわると、ムキッと亀頭が剝き出しました。

「あぁ、これが秀樹の……」

母が切なげにつぶやきました。そして、いきなりのことでした。パンパンに膨張した私の亀頭に、クチュッと母の唇が吸いついてきたんです。

「うっ！　くうっ」

驚きと快感で腰がしびれて、下半身がビクビクしてしまいました。母の舌は、亀頭、カリ首、裏筋と舐め回しました。唾液でヌルヌルに光っていきました。

「あっ、くぅ、そんな、おっかあ……」

ペニスの隅々まで舐めながら、母の目はジッと私の顔を見つめていました。

「いっぱい、食べさせでな」

訴えるように言って、ヌメッと亀頭を咥え込んでいきました。ペニスの幹を握って、根元に引っぱりながら、亀頭を口の中に何度も出し入れしました。

「ううッ、気持ぢいいよぉ」

やがて唇は亀頭のずっと奥まで含んでいきました。それから母が頭を振って、ペニスの幹に唇を往復させました。根元まで届いていました。

「あっ、うぅっ、そんなに……」

咥えた唇が徐々にスピードを増して、ピストンのように動きはじめました。

「あぁあっ、くっ、すんげえ！」

母の口の中に、自分のペニスが続けざまに突き刺さっていったんです。気持ちよすぎてわけがわかりませんでした。すると、母が尋ねてきたんです。

「はっ、はぅ、おっかぁも、気持ぢよぐなっていいがい？」

私は「うん」「うん」とうなずきました。母が四つん這いになって時計回りに体勢を移動し、むっちりとしたヒップを私の顔のほうに向けてきました。母の内腿がスローモーションで頭上を横切り、ヴァギナが目の前にやってきました。

「おっかあのべべチョも、舐めでくんちぇ」

そう口にした母の陰部が、さらに私の顔に迫ってきました。すでに小陰唇はぱっくりと開き、その間から愛液が滴っていました。私はキスを思い出してヴァギナにむさぼりついたんです。勃起したクリトリスが顔をのぞかせていました。

「あッ、ひぃーっ、信じらんねぇ」

私は舌を伸ばしてやみくもに動かしました。舌先が硬くなったクリトリスを弾くたびに、母のお尻がビクビクッと痙攣しました。

「そごそご、感じっちまうよ」

頭上でうごめく母の腰つきは、淫らで激しいものでした。これでもかと陰部をこすりつけてきました。私の鼻も口もヴァギナに埋まって、窒息しそうでした。

「ハッ、ハッ、わだし、こんなごど……」

髪を振り乱しながら、腰を前後にゆさぶって、私の口に、鼻に、ヴァギナをこすりつけていました。私も必死でクリトリスを探して、舌で弾きました。

「ああ、あうう、気持ぢよくて、変になりそうだ」

私の上で喘いでいた母が、再びペニスを咥え込みました。ジュルジュルとねばった音を響かせて、激しくフェラチオしてきました。私も負けじとヴァギナの割れ目に舌を突っ込み、必死で舐め上げました。そのときはシックスナインという言葉も知りませんでしたが、信じられないほど興奮しました。

「あん、グジュッ、ジュルル、ああう！」

夢中でシックスナインを続けていると、母が言いました。

「も、もう、秀樹の……チ〇ボコが欲しい」

また私の上で四つん這いになって、今度は反時計回りに体を移動させて、正面から向き合う女性上位になると、右手を伸ばしてペニスを握りました。

「いいがい、このまま入れっかんな」

そう言って母は自分の腰を落とし、握ったペニスで亀頭の位置をコントロールして、ヴァギナに宛がっていきました。粘膜の割れ目に押し当てられた亀頭が、熱いぬかるみの中で、行き場を探るようにこね回されていました。

「ほら、ここだよ、わだしのべべチョ」

母のむっちりとしたヒップが、私の腰回りにのしかかってきました。張りつめた亀頭が、ヌメヌメと膣粘膜に埋まり込んでいくのがわかりました。

「んっ、ぐ……へ、入ったぞ」

私が何もしないうちに、亀頭の先からペニスの根元までが、みっちりと濃厚で温かいゼリーのような膣粘膜に包まれていました。

「うぅ、すげえ……あったげえ、おっかぁのべべチョ」

「ああっ、秀樹……か、かでえよ、チ○ボコ」

母が腰を持ち上げると、吸いついた粘膜がカリ首を削《そ》ぎ取るように引っぱっていきました。ヒップを落とすたびに、根元までまとわりついてきました。

「こ、こんなに、すげえなんで……」

初めてのセックスは例えようもない快感でした。オナニーしながら想像していた何倍も気持ちよくて、あっという間に精液が押し寄せてきました。

「おっかぁ、おら……も、もおっ」

気づいたときには、コントロールできなくなっていました。

母のヒップはまだ十往復もしていなかったと思いますが、そのまま勢いよく放出してしまったんです。母が小さく「あっ……」と発しました。

あまりにあっけない射精に、どうしていいかわかりませんでした。ところが母は上から包み込むように私を抱き締めて、やさしい笑みを浮かべたんです。巨大な水風船のような乳房が、私の胸板に密着してうごめいていました。

「そんなに気持ぢよがったが、おっかぁのべべチョ」

そう言って母がおおい被さったまま、ゆっくりと腰を動かし、射精直後のペニスを出し入れさせはじめました。そのまま耳をしゃぶりささやいてきました。

「硬いまんまだよ、秀樹。このままでぎそうだな」

対面女性上位でピストンのようにペニスを出し入れさせながら、私の顔中を舐め回してきました。激しいキスで舌を絡ませ唾液を流し込んできました。お尻を上下させて、グチャッ、グチャッとねばった音を響かせました。

「おっかぁ、すげえスケベな気分なんだ」

吐き出すような母の訴えに、私は何度もコクコクとうなずきました。ペニスは小さくなるどころか、膣の中に入ったまままみなぎるように大きくなりました。

「さっきより硬ぐなったみでえだ、秀樹の……チ○ボコ」

すると母が上半身を起こして、挿入したまま私の上で回転しました。私の顔に背を向ける騎乗位になって、今度は私の足のほうに突っ伏したんです。

挿入部分がまる見えになりました。信じられないほどエロチックな光景でした。

愛液まみれの膣口に私のペニスがぬっぽりと入っているのですから。

「秀樹、見えっか?」

「み、見えるよ、おっかぁ。おがしくなりそうだ」

「よっく見でろよ。これが男と女だがら」

母がヒップを上下に動かしはじめました。ゆっくりと腰を落としては浮き上がらせました。私のペニスがカリ首まで姿を見せては根元まで埋まっていきました。トロトロの蜂蜜のような愛液が、ペニスの幹を滴り流れていました。

生き物のような小陰唇が、出入りするペニスにまとわりついていました。

「あ、あっ、出っ張りがひっかがって、気持ぢいいッ」

私の視線の先で、徐々に母のヒップの動きが速くなっていきました。私のペニスが小陰唇を巻き込みながら、ヴァギナの割れ目に出入りを繰り返しました。

「ああっ、秀樹! 硬くて、太くて、立派な男だ」

母のむっちりとしたお尻が激しく上下に弾みだしました。自らの膣にペニスを突き刺すような動きでした。髪を振り乱して感じていました。

「うッ、ぐッ……すげえよ、いいッ」

そのうちに母は腕を突っ張り背筋をそり返らせて、上半身を起き上がらせていきました。私の腰回りにむっちりと座り込んだ背面騎乗位で、ペニスを根元まで埋め込んだまま、ウエストを前後に振りはじめたんです。躍動するお尻の肉で、私の下腹部や腰骨がマッサージされているようでした。

「はッ、はうッ、秀樹、これもすげえぞ」

亀頭はもちろん、深々と埋まったペニスの表と裏が、濃厚な膣粘膜に交互にもまれしごかれているようで、強烈な快感が四肢の先まで広がりました。

「お、おっかぁ、おら、出そうだ」

「待ってくんちぇ、秀樹、もうちょっと」

私が二度目の限界を訴えると、母は動きを止めてペニスを抜き取り、四つん這いになりました。まさか母のそんな姿を目にするとは思っていませんでした。

「わだし、ほんとうはバックで激しく突かれんのが、いちばん好ぎなんだっけ」

それまでずっと母のなすがままだった私は、母の求めるバックからの挿入で、やっと自分がセックスの主導権を握るのだと気づきました。

動物のように四つん這いで待ち受ける母の背後に膝立ちになって、私は亀頭で口を開いたヴァギナを上下にえぐりました。愛液が泡立ちました。さっき挿入の現場をたっぷり見せられたので、自信を持って宛がうことができました。

「んじゃあ、おっかぁ、入れっかんな」

「うん、突っ込んで、秀樹……あうっ、ぐうぅ」

私が腰を使ってグジュッと突き入れると、母の顔が天井を仰ぎ、四つん這いの背筋が弓のようにしなりました。そのまま腰を振って、グジャッ、グジャッ、グジャッと突き入れを繰り返すと、私はやっと男になったような気がしました。

「そんなに激しぐされだら、気が狂っちまうッ」

自分が動いて貫く挿入シーンが、私の眼下いっぱいに見えていました。

出し入れを続けながら、私はずっとさわりたかった母のお尻に両手を伸ばし、なで回しました。指を立ててもむと、どこまでも埋まり込んでいきそうなほど柔らかいものでした。グイグイともみしだくと、それに同調するように膣粘膜がキュキュッと締まって、ペニスが食べられているような気がしました。

「秀樹、そんなの感じっちまうって。ヒイッ、もっど!」

激しくペニスを出し入れしながら、アナルが閉じ開くほどもみつけました。

「すげえよ、チ◯ボコが見えるみでえだ」

私の突き入れを受け止めるように、母はグッ、グッと下半身を踏ん張っていました。私の腰は勝手に動いて、制御不能のピストンを繰り返しました。

ねばつた音を立てて、続けざまにペニスがヴァギナに突き刺さっていました。

「くうぁーっ、はッ、出る！」

「イグ、わだしもイグ、あぁぅ、イグーッ」

空っぽになって力が入らなくなるほど腰を振った私は、ヌルッとペニスが抜けるのと同時に、布団の上に倒れ込んでしまいました。母はそのまま前に突っ伏していきました。寒い元旦の夜だというのに、私も母も汗まみれでした。

それから私と母は、三日と空けずにセックスしました。私が東京の大学に進学するまでですから、約一年間、妹にだけはバレないように気を使いました。

あれからもう五十年がたちました。人並みに女性経験を積んで、妻との体の相性もよかったと思うのですが、あれ以上に興奮するセックスを私は知りません。

好色な老父に引き取られた生娘だった私
強制口淫ののち窮屈なアソコを貫かれて

宮本多恵　無職・七十歳

そのころ都会では高度成長期なんて言っておりましたが、こちらはまだ戦前のしきたりが色濃く残っていた田舎の話です。

私は、とある地主の妾の子として生まれました。母は女手ひとつで私を大事に育ててくれましたが、私が十三のときに流行《はや》り病《やまい》でこの世を去りました。

身寄りのなくなった私は、地主の屋敷に引き取られることになりました。ひとかどの男は外に女を作るのが一つの甲斐性という時代ですから、それも珍しいことではありませんでした。

といってもしょせんは妾の子、家の子どもたちと同じに扱うなんてとんでもない話でした。食事をとるのも、寝るのも、家族とは別です。夜明け前から夜更けまで雑用にこき使われ、扱いは住み込みの奉公人同然でした。

それでも、私は黙々と働きつづけました。街に行けば家もなく飢え死にするかわいそうな子どもがいくらでもいた時代です。三度のご飯と布団があるだけで、私には過ぎた幸せでした。

一年ほどたったころでしょうか、私は父である地主の身の回りのお世話も言いつけらけるようになりました。最初は布団の上げ下げ、着がえの準備、書斎の掃除といったことからでした。

それから次第に、夜、寝室に呼ばれ、腰や足をもんだりさせられたりするようになりました。

父は当時六十代でしたが、かくしゃくとして健康そのもの、それにたいへんいかめしい人でした。けっして私のことを優しく娘扱いなどしてくれませんが、それでも私にとってはたった一人の血のつながった父でした。私は、父のお世話ができることがとてもうれしかったのです。

ときおり父は、寝室でたわむれに私の髪を撫でたり、お尻をさわったりすることがありました。私はそれすらも、父が私をかわいがってくれていると思えて、なにもイヤではありませんでした。

ある晩、父は私に、風呂で背中を流すように命じました。お前も私が着物のまま湯殿に入ると、父は「それじゃ着物が濡れるじゃろが。お前も裸でよかろ」と言いました。ずっと男親を知らずに育った私は、そういうものかとべつだん不審にも思わず、言われるまま素っ裸になりました。

最初、父はどっかりと座って私に背中を流させていましたが、そのうちに、私に向き直って、しげしげと舐めるように私の裸を見るのです。

私は十四になっていて、お乳もふくらみかけ、お股や脇の下の毛も生え揃いだしていました。月のものも、もう来ていたと思います。

「こうして見ると、お前ももう女の体じゃの、多恵《たえ》。死んだ静子《しずこ》に、顔も体もそっくりじゃ。お前の母親を女にしてやったのも、いまのお前くらいの歳じゃったわ。お前、男のあれやこれやはもう知っとるんか？　んん？」

私が首を横に振ると、風呂椅子に腰かけた父は、私の前で大きく股を開きました。そこには、私が初めて見る男性のナニが、だらんとぶら下がっていました。

「さあ多恵、ここも洗ってくれ」

父に促されるまま、私は手にシャボンをつけて、しなびたヘチマのような陰嚢や、マツタケそっくりな陰茎《おちんちん》におそるおそる手をふれました。

それはほんのりと熱を帯びて柔らかく、なんとも不思議な感触でした。

「おお……ええ気持ちじゃ。そうそう、もっと下から包むように……ええぞ、サオは両手でそっと握ってしごくんじゃ」

父は満足そうに目尻を下げていました。私はそれがうれしくて、ますます両手でその部分を泡まみれにしてなで回します。

するとどうでしょう。

うなだれていた棒のような部分が、だんだんと硬くなって、怒ったヘビのようにカマ首をもたげてくるのです。

それは浅黒く節くれ立って、野太くグロテスクな棍棒でした。

いまにして思えば実の父親が、我が娘に対して淫らな欲望を剝き出しにしているのです。でもおかしなことですけれど、私はそれが怖いとも、おぞましいとも思いませんでした。

思えば私にも、母から受け継いだ淫らな血が流れていたのかもしれません。

私はただ好奇心と、父を喜ばせたいという一心で、うぶな手つきで父親のあそこを洗いつづけました。

そして父は、そんな私をにんまりと笑いながら見おろしていました。

シャボンの泡を洗い流しても、そこはピンと硬さを保ったままでした。

「どうじゃ多恵。これが男の珍宝じゃ。女を極楽に行かせてやる道具じゃぞ。さあ、どんな味がするかな？　ちいっと舐めてみい」

「はい……こ、こうですか？」

私はそろそろと顔をそれに近づけ、まるい先っちょを、舌先でぺろりと舐めました。しょっぱくて、かすかに生ぐさい奇妙な味でした。

「どうじゃ？　どんな味がする？」

「わからんです……不思議な味です」

なんとなくクスリと笑う私の口に、父はなおもその部分をこすりつけてきました。

「ほれ、すっかり咥えんか。しゃぶるんじゃ」

大きな父のお珍宝が、私の小さな口に押し込まれてきます。

「あー、たまらんわい。尺八もお前みたいにきれいな生娘にさせると心地よさもひとしおじゃ。そら、もっとちゅうちゅう吸うんじゃ」

ナニを頬張ったまま、私は上目づかいに父を見上げました。父は快楽に目を細め、ニタニタといやらしい笑みをたたえていました。

男性の、しかも実父の汚らしい部分をいきなり口いっぱいに含まされるなんて、普通の若い娘なら虫酸《むしず》が走るのかもしれません。

ですが私は、そうはなりませんでした。いままでほとんど私に関心を示さなかった父が、私のすることで心地よさげにしてくれている。とくとくと父の脈動が舌に感じられる。そのことがなんともうれしくて、私はさらに熱を込めてソレをしゃぶりつづけました。

父は私の頭をなでて、こう言いました。

「お前は母親にそっくりじゃわ。あれも、口でしよるのがじょうずじゃったけえの。どれ、こっちに来んか」

私に口での奉仕をやめさせると、父はやおら、私の細い体を抱き上げて自分の片膝の上に座らせました。

そして、ごつごつした指で、乱暴に私のまだふくらみきらない乳房をつかむのです。

「おお、熟れきっとらんが形のええ乳じゃ。ここも母親譲りじゃの」

「あっ、旦那様、ああ……」

幼い敏感な胸を荒々しくさわられると、少し痛みが走りました。私は思わず、声を洩らしてしまいます。もちろん、屋敷の中で私が父を「お父ちゃん」などと呼ぶことなどもってのほかでした。屋敷の主《あるじ》のことは、奉公人らしく旦那様と呼ぶように、私は家人からきつくしつけられていました。

「ククク……いっちょまえに乳首をコリコリにしよって。ほれ、どうだ多恵。ここをこうされると、気持ちよかろ？」

父の太い指が、お乳の先っちょをつまみます。

わずかな痛みに混じって、しびれるような快《こころよ》さがありました。

「あっ。ああ、そこは……旦那様っ……」

自分の意志とは関係なく、体ぜんたいがピクッ、ピクッと跳ねてしまいます。

父の好色な手は、さらにおへその下をまさぐりだしました。

お股の間の、女の子のいちばん恥ずかしいところを、いやらしくうごめく指がくすぐります。

他人はおろか、自分でもほとんどふれたことのない処女の部分を、父は容赦《ようしゃ》なくいじくり、ほじくるのです。

でも、そのさわり方が途方もなく気持ちよくて、私は我知らず大きく身を捩《よじ》り、悩ましい女の声をあげていました。

「あぁ……いや。そこは……ああん……あはぁ……」

「ふふふ、生意気によがり声なぞあげよって。まだアソコの毛も生え揃わんくせに、もう男が好きでたまらんてか」

そう言うと父は、指の腹で私のアソコのお豆を弄《いら》いました。

それは私が想像もしていない痛烈な気持ちよさでした。

「ああうっ……いやっ、そ、そこはいやっ。堪忍《かんにん》してくださいっ」

激しく身じろぎする私を力任せに抱きすくめ、父はなおも執拗《しつよう》に、くちゅくちゅと私の割れ目を責めるのです。

「そげぇこと言うて、ほんまはコレが好きなんじゃろが。ほれ、ほれ。あんまりスケベ声をあげると、誰ぞに聞こえるぞ」

私は自分の指をきゅっと嚙んで、懸命に声を洩らさないように我慢しようとしました。けれど、父が弄ってくるオメコの心地よさが、どうしても耐えられないのです。

ああ、お股をいじられるのって、なんでこんなに気持ちいいのかしら。

「くうぅ……ふうぅぅんっ！　も、もう堪忍して……んくぅーっ」

父は私のアソコを弄んだ指を、ゆっくりと私の鼻先に持ってきます。

そこには、なにやら透明な蜜みたいなものが、ねっとり糸を引いていました。

「ほれ、いやじゃいやじゃ言うて、こげえヨダレ垂らしよってから。もうすっかり女の体になっとるわ」

性の知識にはとぼしい私でしたが、私自身の陰部から滴ったおびただしいねばりが、なんのためのものかは、なんとなく察しがつきました。

そのとき私は父の手によって、初めて自分が女になりつつあることを知ったのです。

父は、私の耳元にささやきました。

「ええか多恵。今夜、皆が寝静まったら、わしの寝間に来るんじゃ。誰にも気づかれちゃならんぞ。わかったな」

私はその夜、命じられたとおり、夜更けに人目を忍んで父の寝間へと忍んで行きました。

心臓は早鐘《はやがね》みたいに打ち、体はずっとほてって汗ばんでいました。

これから私、初めて男女のまぐわいをするんだわ。しかも、実の父親を相手に……。確かにいくぶんはこわくて、いくぶんの後ろめたさもありました。でも私、それよりも早くオメコというものを経験したい、女の悦びというのを得てみたい、という好奇心のほうが強かったように思います。

私が布団に横になると、父は私の上にのしかかり、唇を吸ってきました。

同時に、浴衣の上から、まだ未熟な小さなお乳をなでさするのです。

ああ、これが男に犯されるということなのね。

自分でも驚くほどに、私は興奮し、快楽を感じていました。私は生まれつき肌が薄くて、ふれられるのが人一倍くすぐったくて、心地がいいのです。

「ああ、ああ、かわいいぞ、多恵。今夜はお父ちゃんがたっぷりかわいがってやるけえな」

私の顔をねぶり回しながら、父はそんなことを口走りました。

私は息を荒くしながらも、思わず聞き返していました。

「お父ちゃん……お父ちゃんて呼んでいい？」

「ああええとも。夜、この部屋で二人きりのときだけな。お父ちゃんとオメコするときだけじゃ」

父は私の浴衣の合わせを乱暴に開き、お乳のつぼみを吸いはじめました。

「あぁ……いやよ、お父ちゃん……そげえお乳吸うて……」

「どうじゃ、多恵。これが気持ちええじゃろ？」

若いころから女を弄ぶ手管《てくだ》にたけた父でした。ちろちろと舌を巧《たく》みに使って、私のまだ小さなおっぱいを右に左に責めるのです。それがもう心地よくて、私の呼吸はハァハァとどんどん激しくなっていきました。

気がつくと、私の浴衣は帯を解《ほど》かれ、すっかりはだけてしまっていました。もちろん下着なんぞ着けてはおりませんから、うっすらと毛の茂りかけたアソコまである出しです。

「どれ、女にしてやる前に、多恵のオメコをじっくり見てやろうの」

父はそう言うと、私に大きく股を開かせ、その間に顔を突っ込んでくるのです。

「ああん、お父ちゃん、そげえ近くで見られたら恥ずかしい……」

「おお、小さぁてまだ大人になりきらんかわいいオメコじゃ。それでもいっちょまえにパクパクして、男を欲しがりよるわ。どれ、ひとつ味見させてもらおか」

両手で私の内ももをつかみ、さらに大きく脚を開かせると、父は私のアソコに舌を這わせ、ねっちょりと溢れるお汁をねぶり取ります。

「ひゃっ、お父ちゃん、そこはいけん。オシッコしよるところやけ、舐めたら汚い……ひゃううっ、はああっ、いけんて……堪忍して……ああんっ」

「ふふふ、ええ声あげよるわ。あの声も、ここの味も、お前は母親によう似とる。うーん、この青くさい風味もこたえられん。わしも若返るようじゃわ」

年寄りのねっとりとした舌づかいが、男を知らない私のアソコを執拗に舐めくすぐります。その刺激がものすごくて、私はこらえきれず、はしたなく腰を浮かせてしまうのです。

「どうじゃ、気持ちええか？　多恵」

「うんっ、気持ちええっ。気持ちええよ、お父ちゃんっ」

やがて父はむくりと身を起こすと、自分の浴衣の前をはだけました。

父の股間は、先ほど風呂場で見たときと同じく、硬く黒光りしてそそり立っておりました。ひくん、ひくんと脈打つそれを、父は自慢げに私に見せつけました。

「どれ、だいぶほぐれよったな。この珍宝で、いまからお前を女にしてやるけえの。ええな、多恵」

私は黙って、こくりとうなずきました。

父は私に身を重ね、股間のお道具をぐいと私の処女のくちびるにあてがいました。すぐに、めりめりと私の小さな割れ目を押し開くようにして、父の逸物が中に入ってくるのが感じられました。

破瓜《はか》の痛みは、思っていたほどひどいものではありませんでした。最初の瞬間だけ、ピリリとした痛さがありましたけれど、父の熱いお宝が奥に進んでくるほどに、悦楽だけがじわじわとお股の内側から全身に燃え上がってくるようでした。

「あっ、ああ……すごい……お父ちゃんの硬いのが……お腹の奥まで……」

私のことなど一向に気づかう様子もなく、父は遠慮会釈なく私の内側に珍宝をねじ込んできます。

「おっ、おっ、たまらんぞ、多恵。小さあて狭あて、ぐいぐい締めつけよるわ。お前、オメコのあんばいも母親そっくりじゃの。お-っ、こりゃ極楽じゃ」

珍宝を根元まで私の中に押し込むと、父はしばらく目を閉じて、快楽にひたり切っているようでした。

私のオメコで、父がこんなにも悦んでくれている。そのことだけで、私は気持ちがさらにたかぶり、お股の奥がよけいに熱くうるんでくる気がしました。

父は腰にぐっと力を込め、ゆっくりと珍宝を抜き差ししはじめました。

ソレが私の小さな道を出入りするたびに、まだかすかに残っている痛みも忘れてしまうほどの快楽が襲ってきます。

「ああ、ああ、すごい……お腹、くるしいけど、お股がジンジンして、ヘンな気持ち……ああ、お父ちゃん、お父ちゃんのち〇ちん、すごい熱いよ……」

「どうじゃ、多恵。オメコええ気持ちじゃろ。え?」

ぜえぜえ息を弾ませて、父は私に尋ねました。

「うん、お父ちゃん……はあ、はあ、はあ……ああ、ええ気持ちじゃ」

ズンズンといかついお道具を私に突き入れながら、父はさらにいやらしいことを言いました。

「どこがええんじゃ？　多恵。言うてみぃ。ほれほれ」

「ああーっ、オメコォ、オメコがええっ！　オメコするの好きぃっ！」

父は私がわけもわからず放ったふしだらな言葉にニンマリすると、さらに珍宝の出し入れを激しくするのです。

すりこぎ棒みたいに硬いものでお股の奥深くをえぐられると、私の内側のいやらしい部分はどんどん熱くたぎって、なにも考えられなくなってきます。

「ああ、お父ちゃん、お父ちゃんっ。なんか変……オメコがとろけて、頭おかしいなりそうっ。あっ、ああーっ！」

「多恵、それが極楽にいくいうことじゃ。ほれっ、これで極楽じゃ。ほれっ、ほれっ！　どうじゃっ！」

父の責め立てがあまりにも気持ちよくて、私はもう、体が自分のものでなくなってしまったようでした。

不意に、頭の中が真っ白になって、全身がふるふるとわななきます。

「あひぃーっ！　死ぬぅーっ！　お父ちゃんっ！」

私が叫ぶのと同時に、父もガクッと動きを止めました。「うぉーっ」と一声ほえると、父はそのまま私のお股深くに、おびただしい精液を吐き出したのでした。


言うまでもなく、父と私の関係はおおっぴらなものではありませんでした。とはいえ狭い村のことです。なんとはなしに、私どもの関係も周囲に察せられるようになっていきました。

近親相姦については、なにぶん当時の草深い田舎のことですから、格別珍しいことでもなく騒がれもしませんでしたし、それよりなにより、地主のお手つきになったことで、屋敷の中でつらい扱いを受けることがすっかりなくなりました。

こうしてお話すると、いまの方にはなんと野放図でひどい生活かと思われるかと思いますが、思い返せば食べるもの着るものには生涯苦労することもなく、そのうえ人一倍の快楽にもまみれた、幸福な人生だったように思えます。

従姉の不倫セックスを偶然目撃した私は内緒にするかわりに妖艶ボディを要求し

藤村俊太　会社員・二十九歳

私は、東北のある田舎町に生まれ育ちました。

その村では昭和の初頭まで、村祭りの期間中は無礼講となり、既婚者同士でも男女の営みが行われる風習があったそうです。

今風で言えば、乱交パーティもあったそうで、同じ村の友人から聞いてびっくりした記憶があります。

中高生のころは悪友たちと、「いまでもあるんじゃないか?」と躍起《やっき》になり、村祭りの夜に徘徊《はいかい》したことがあるのですが、カップルがキスしているシーンを一度目撃しただけで、そんな慣習はいつの間にか忘れていました。

あれは社会人一年目の夏に帰郷したときですから、二十三歳でしたか。

恥ずかしながら私はまだ女性経験がなく、早く童貞を捨てたくてウズウズしているころでした。

村祭りが終わったあと、友人の家で深酒しての帰り道、ひと組のカップルが林の中に入っていく姿を見かけ、心臓が鼓動を打ちました。

なんと女性は従姉の悦子《えつこ》ちゃんで、当時は三十二歳。結婚して七年目を迎えた人妻なのですから、まさかとは思いました。

相手も同じ村の出身で、消防団に所属している逞しい男性でした。

二人とも私同様に村を出ていたのですが、もしかすると以前に交際していたのかもしれません。

酔いも手伝い、二人のあとをつけていくと、キスだけでなく、フェラチオからクンニ、激しい立ちバックで快楽をむさぼり、あまりの迫力にペニスはギンギンにそり返りました。

思わず葉陰《はかげ》から身を乗りだしたところ、悦子ちゃんと目が合ってしまい、私はあわててその場をあとにしたんです。

翌日、彼女から連絡があり、家に遊びにこないかと誘われました。

昨日の今日ですから、話の内容はある程度予想しており、私は複雑な心境で自宅をあとにしました。

胸元が露出したカットソーや短いスカートを目にした瞬間、どれほどドギマギしたことか。

チラリと見やると、胸のポッチが浮き出ており、すぐにノーブラなのだとわかりました。

「今日はみんな出かけてるから、ゆっくりしてって」

「だ、誰もいないの?」

「そうよ」

不貞の現場を目撃されているのに、どうして平然としていられるのだろうと不思議に思いました。

もしかすると、のぞき見していた人間が私だと気づいていないのではないか。

そう考えたものの、もてなされている最中も気持ちが落ち着かず、口の中はカラカラに渇いていました。

「だ、旦那さんと子どもは……どうしたの?」

「今年はキャンプで、私だけこっちに帰ってきたの」

「そ、そうなんだ」

「ところで……」

悦子ちゃんは、ひと呼吸置いてから話を切り出しました。

「昨日、見たでしょ？」

「え、あ、あの……」

緊張して答えられないでいると、彼女は苦笑し、内緒にしてほしいと懇願してきました。

予想どおりだと思うなか、彼女は不貞行為に走った経緯を語りはじめました。

やはり二人は恋人同士だったようで、久しぶりの同窓会で顔を合わせたことがきっかけで魔が差してしまったらしいのです。

「彼にも妻子があるし、一度限りの過《あやま》ちなの。誰にも言わないでくれるよね？」

「そ、それは……」

昨夜の光景が頭の中を駆け巡り、全身がカッカッとほてりました。

忘れるにはあまりにも強烈すぎて理性が働かず、海綿体に大量の血液が流れ込みました。

「うつむいてないで、私の目を見て答えて」

「う、うん」

顔を上げると、悦子ちゃんの美貌が目を射抜きました。涼しげな目元、スッと通った鼻筋、ふっくらした唇。村いちばんのほっそり美女はふくよかな体つきになり、女性としての魅力を存分に放っていたんです。

性への好奇心と執着心《しゅうちゃく》が内から迸り、気がつくと、私はとんでもないことを口走っていました。

「な、内緒にする代わりに……悦ちゃんを……抱かせて」

「……え？」

「悦ちゃんを……その……抱きたい」

沈黙の時間が流れ、押し潰されそうな圧迫感に脂汗がダラダラこぼれました。

しまったと思っても、あとの祭り。急に恥ずかしくなり、うつむいた直後、穏やかな声が耳に届きました。

「瞬《しゅん》ちゃん、経験はあるの？」

「ま、まだ……」

「そう……私たち、イトコだってことはわかってるよね?」

「うん……わかってる」

「ふうん、そうか、瞬ちゃんもそんな年になったんだね。年の離れた弟という意識が強かったから、ちょっとびっくりしたわ」

私だって、彼女と同じくほんとうの姉のように慕っていました。

昨夜の光景を目にするまでは……。

はたして、悦ちゃんはどんな対応に出るつもりなのか。緊張に身をふるわせていると、人妻はすり寄り、やけに甘ったるい声でつぶやきました。

「女の人の裸、見たことないんだ?」

「……ないっス」

「ビデオなんか見て、自分で出してるの?」

えげつない問いかけに顔が真っ赤になり、ペニスがあっという間にフル勃起しました。

悦子ちゃんは昔からちゃきちゃきの性格で、思っていることははっきり言うタイプでしたが、さすがにエッチなことを口にした記憶はありません。

彼女の首筋や胸元からは甘いにおいがただよい、横目で探れば、果実のような乳房がふるんと揺れました。

これが、人妻の色気というものか。もしかすると、こうなることを予想し、過激な格好をしていたのかもしれません。

妖しい雰囲気にすっかり呑み込まれ、童貞の私は早くも性欲モードに突入していました。

「仕方ないわね……とんでもないとこ、見られちゃったんだもの」

「あ、あの……あっ」

しなやかな手が股間に伸び、男のふくらみをさわられたときは快感が身を駆け抜け、思わず天を仰ぎました。

しかも、手のひらで優しくなで回すのだからたまりません。

続いてキスをされ、熱い息とともになめらかな舌が侵入したとたん、脳の芯がビリビリ震えました。

「む、む、むふっ！」

初めてのキスも刺激的で、くねる舌先が私の舌に絡まり、唾液をじゅるじゅるとすすり上げるんです。性感はまたたく間に上昇し、睾丸の中の精液が溶岩流のように煮えたぎりました。

悦子ちゃんはさらにハーフパンツの紐をほどき、唇をほどきざま淫靡な笑みを浮かべました。

「脱いじゃおうか?」

「え……は、恥ずかしいよ」

「脱がなきゃ、私を抱くことはできないでしょ?　さ、腰を上げて」

「あ、ああ」

後ろ手をついて臀部《でんぶ》を浮かすと、人妻はパンツを下着もろとも引きおろし、硬直の逸物がぶるんと弾け出ました。

すでに我慢汁が溢れており、欲情している姿を見られているのですから、どれほど恥ずかしかったことか。

彼女はパンツを足首から抜き取り、細長い指をペニスに巻きつかせました。

「うわっ、すごい。ガチガチだわ」

「あ、く、くうっ」

「青筋がこんなに浮いちゃって。おチ○チン、ビクビクしてるわよ」

男性器の俗称が鼓膜を貫いた瞬間、昂奮のボルテージはマックスに達し、私はあわてて肛門括約筋を引きしめました。

歯を食いしばって放出をこらえたものの、悦子ちゃんはペニスをしごきだし、身がとろけそうな快感に身悶えました。

「あ、あ、ああっ」

「ううン、かわいいお顔……自分の指でするのと、どっちが気持ちいい？」

「く、く、比べものにならないよぉ」

「そう……それじゃ、もっと気持ちよくさせてあげる」

人妻が唇をすぼめて唾液を垂らし、温かい粘液がペニスをゆるゆると包み込むと、AV女優ばりの悩ましさに理性のタガが完全に弾け飛びました。

しかも彼女はローリング手コキでペニスを絞り上げ、くちゅくちゅと淫らな音まで響かせるんです。

あまりの快美に、ちっぽけな自制心は粉々に砕け散りました。

「あっ、出ちゃう、出ちゃうよっ！」

「だめよ、こんなんでイッちゃ！　我慢しなさいっ！」

「だって、そんなにしごいたら……あ、おおっ！」

柔らかい手のひらがカリ首をゴリッとこすり上げた直後、目の前が真っ白になり、快感の風船玉が股間で破裂しました。

「イクっ、イックぅっ！」

「ヤン、出た！　噴水みたい」

悦子ちゃんはうれしげな声をあげてペニスをしごきつづけ、私は欲望のかたまりを何度も放ちました。

たぶん、十回近くは射精したのではないかと思います。

意識が飛ぶほどの射精感にうっとりするなか、噴出がようやくストップし、あきれた声が耳に届きました。

「びっくり！　こんなに出すなんて、どれだけ溜まってたの？」

「はあはあはあっ」

畳の上には大量の精液が飛び散っていましたが、美女は意に介さず、身を屈めて亀頭に唇を被せてきました。

「……あっ」

「ンっ、ンっ、ンふぅ」

お掃除フェラを呆然と見おろしつつ、胸が妖しくざわつきました。

精液が付着しているペニスを舐め回されているうちに、また気持ちよくなってしまい、欲望は鎮まる気配を少しも見せませんでした。

「ぷふぅ」

「はあぁっ」

「ふふっ、あんなにたくさん出したのに、すぐに大きくなっちゃって。精力旺盛《おうせい》なのね」

悦子ちゃんは満足げにうなずくや、カットソーを頭から抜き取り、まるまるとした乳房がぶるんと弾みました。

「あ、ああ……」

「……さわって」

言われるがまま手を伸ばすと、さほどの力を込めずとも指が乳房に食い込み、楕円に形を変えて手のひらからはみ出しました。

彼女も、昂奮していたのでしょう。乳首はすでにしこり勃ち、つまんでこね回せば、グミのような感触を与えました。

「ああ、そう……気持ちいいわ……もっといじり回して」

「こう？」

「あぁン、いいっ」

人妻の反応を目に焼きつけつつ、すべての関心はスカートの下に注がれていました。

もちろん、生の女性器を目《ま》の当たりにするのは初めてのことです。

牡の本能が爆発し、鼻息が荒くなりました。

「おっぱいよりも、気になるところがあるみたいね……見たいの？」

「はあはあ、うんっ！」

首を縦にブンブン振ると、悦子ちゃんはクスッと笑い、立ち上がりざまスカートのホックをはずして布地を引き下げました。

漆黒の陰毛とこんもりした恥丘を目にしたときは、どれほど昂奮したことか。

ました。

「あ、あぁっ」

人妻が足を左右に開くと同時に、私は花園に群がるミツバチのように顔を寄せました。

外側に大きくめくれた肉厚の陰唇、肉の綴じ目からのぞく真っ赤な内粘膜。とろとろの愛液がきらめき、甘ずっぱいにおいが鼻先をかすめるたびにペニスが派手にいななきました。

「あぁン、そんなに近くで見つめたら、息がかかっちゃうわ」

「はあふうはあ」

「ここが膣、その上にある小さな突起がクリトリスよ」

悦子ちゃんは指で陰唇を開き、女の秘部を隅々まで見せつけました。

けっして美しい形状とはいえないのに、どうしてこんなに胸が締めつけられるのか。やがて包皮が剝かれ、ルビー色に輝くクリトリスがさらされると、私の性感は頂点に達しました。

もう我慢できず、私は一も二もなくあでやかな肉の花に顔を埋めたんです。

「あっ、だめっ……ンっ!?」

割れ目に沿って舌を這わせ、滴る愛液を舐め取り、はたまたクリトリスを陰唇ごと口に含んでチューチューと吸い立てました。

硬いしこりを舌と上顎で甘噛みすると、太腿がぷるぷる震え、頭上からやるせない声が洩れ聞こえました。

「やっ、くっ、はっ、ンっ、はぁぁぁっ」

よほど、気持ちよかったのでしょう。悦子ちゃんは私の頭を抱え込み、腰をくねらせながら恥骨を押しつけてきました。

息苦しさは半端なかったのですが、経験豊富な人妻がよがっているのですから、あのときほど男の喜びを感じたことはありません。

頬をすぼめて激しく吸引したとたん、悦子ちゃんは膝から崩れ落ち、私にのしかかりました。

あおむけに倒れ込み、何事かと顔をのぞき込むと、うっとりした顔をしているではありませんか。

「はあ、お口でイカされちゃったわ」

「イ、イッたの？」

「あんなに激しくされたら、当然でしょ？」

いまにして思えば、悦子ちゃんは性感も人並み以上に発達していたようです。

彼女は口元にソフトなキスを浴びせたあと、私のシャツを脱がせ、鼻にかかった声で問いかけました。

「上がいい？　下がいい？」

「……え？」

「体位よ」

いよいよ、童貞を捨てられる。新たな性のエネルギーが全身にみなぎり、私は裏返った声で答えました。

「し、下っ！」

「ふふっ、今度はすぐに出しちゃだめよ。たっぷり、楽しむんだから」

悦子ちゃんは甘くにらみつけ、私の腰を大きく跨ぎ、下腹についたペニスを垂直に起こしました。

そして、愛液でぬめりかえった割れ目に亀頭の先端を押しつけたんです。

「う、おっ」

しっぽり濡れた粘膜が頭頂部を包み込んだ瞬間、ぬっくりした感触に目を見開きました。

「ンっ！　瞬ちゃんの……おっきいわ」

「あっ、くっ、くっ」

カリ首が膣口を無事通過すると、ペニスがズブズブと膣内に埋め込まれ、青白い稲妻が脳天を貫きました。

膣肉は弱くも強くもなくペニスを締めつけ、とろけそうな感触を与えてきたんです。粘膜がうごめくたびに快感がうなぎのぼりに上昇し、私は感動にも似た気持ちにどっぷりひたりました。

「ほら、全部入っちゃったわよ」

「あ、ああ……き、気持ちいい」

「ふふっ、もっと気持ちよくしてあげる」

悦子ちゃんは微笑を浮かべ、ヒップを前後に振り、恥骨を下腹にこすりつけました。

続いて上下のスライドから腰をくるくると回転させ、ペニスをこれでもかと引き転がしてきたんです。

「あっ、うっ、くっ、ぐうっ」

腰骨が折れそうな騎乗位には、ほんとうにびっくりしました。

あまりの快感に、こちらは腰をまったく使えず、ひたすら下腹に力を込めていたのではないかと思います。

過激な杭打ちピストンは延々と続き、ヒップが太腿をバチンバチーンと打ち鳴らしました。同時に結合部からぐちゅぐちゅと卑猥な音が響き、垂れ滴った愛液が陰嚢を温かく濡らしました。

なんとか踏ん張ってこらえていたのですが、腰のしゃくりが激しさを増すと、頭の中で白い火花が八方に飛び散りました。

とてもこらえることができず、私はとうとう音《ね》を上げたのです。

「あっ、イクっ、イっちゃうよっ!」

「だめ、まだだめよっ!」

必死の形相で我慢の限界を訴えたものの、悦子ちゃんはさらに猛烈な腰振りでペニスをなぶりたおし、欲望のかたまりが自分の意思とは無関係に排出されました。

「イグっ、イッグぅぅっ！」

膣の中に精液を迸らせ、こうして大人の男になれたのですが、彼女は満足できなかったのか、そのあと二回もしぼり取られ、ヘロヘロの状態で帰宅しました。

あのときは人妻の貪欲さに恐れおののいたものの、刺激的なセックスがいまだに忘れられません。

その後は、どんな女性とつきあっても物足りなく感じてしまうんです。

ドスケベボディで誘惑してくる義妹と獣のように交わり濃厚ザーメン大量発射

里田俊一　建設業・四十六歳

私の郷里は、いまも古い因習が多く残る山村です。

とりわけ私がいやだったのは、極端に強い長子相続制度でした。昔の農村によくあった、長子だけを家の跡継ぎとして尊重し、下の子は家財の分与はもちろん、家や家族を持つことすら許されず、一生小作人のように働くしかないというものです。

私はそんな村で、富農の長男として生まれました。本来なら風習の上にあぐらをかいて、なに不自由なく暮らせる身分でした。ですが私はむしろ、そんなしきたりに嫌悪と抵抗感しかありませんでした。理由は、弟の洋次《ひろつぐ》の存在です。

洋次は生まれつき体が強くなく、私は子どものころからこの不憫な弟を溺愛していました。そしてそれゆえいっそう、長男以外をことさらに軽んじるこの村の因習や、それに固執する両親に怒りを感じていたのです。

高校を卒業してまもなく、私は父と激しく言い争い、家を飛び出しました。そしてそれきり二十年、村にも実家にも戻ることはありませんでした。風の便りに、父は渋々ながら洋次に家を継がせたと聞き、「これでよかった」と思いました。

私はといえば、東京に出てなんとか就職し、一度は結婚し子どもも出来ましたが、それも長くは続かず、気がつけばバツイチの中年男になっていました。

そんなとき、私は父が死んだという便りを受けとりました。洋次や親族から、「葬式くらいは出てくれまいか」という懇願もあり、私は気が進まないまま、久しぶりの帰郷をすることになりました。

洋次も三十七になり、結婚もして、一人前の家長の顔になっていました。嫁の梓《あずさ》も村の娘で、私も子どものころからよく知っている相手でした。

私が村を出たころ、梓はまだ中学生でした。もともと村で指折りの美少女でしたが、三十三になったいまは、楚々としたたたずまいからも自然に色気がにじみ出るような女盛《ざか》りになっていました。

「お帰りなさい、俊一《としかず》さん。どうかゆっくりしていってくださいね」

梓はそう言って、やわらかく微笑みかけてくれます。

いまさら弟をうらやむことなど毛頭ない私ですが、正直、この嫁さんについてだけは、あいつ、うまくやりやがって……と思わずにはいられませんでした。

美人なだけではありません。小柄で細身ながら、梓は実にそそる体つきをしていました。喪服のワンピース越しにもわかるぷりんとしたお尻、そしてたわわなバストに、私は不謹慎ながら思わず目を奪われていました。

まだ子宝に恵まれないという話も聞いて、私はますますあきれる思いでした。こんないい女を嫁にして、洋次のやつ、ちゃんと夫のお務めを果たしてるのか。もちろん口には出しませんが、私は内心そんなことをつぶやいていたのです。


父の納骨も終わり、生来虚弱な洋次はどっと疲れが出たのか、倒れ込むように床についてしまいました。年老いた母も同様です。

気づけば私は居間で、梓と二人きりでした。

私と梓は、旨《うま》い地酒をやりながらとりとめもない思い出話にふけりました。

「ねえ知ってた？　あたしの初恋のひと、俊一兄ちゃんだったのよ」

「ほんとに？　全然気づかなかったよ」

酔ってきたのか、梓は膝を崩し、色っぽい横座りになりました。そして意味ありげな上目づかいでこう言うのです。

「ねえ、もしあたしがあのとき、『処女をあげるから行かないで』って頼んだら、ここに残ってくれた？」

急にそんな大胆なことを言われて、私は思わず絶句してしまいました。

そのころから梓は美形でしたし、年齢のわりに体つきも早熟でした。ご近所の私によくなついていて、私も憎からず思ってはいました。

もちろん私にロリコンの気はありませんが、なにぶん田舎は娯楽が少なく、そのぶん若者の初体験も都会よりだいぶ早いと思います。よほど発育の遅い子でない限り、中学でセックスを楽しむようになるのは普通のことでした。

当時もしそんなふうに迫られていたら、それでも私は弟のために家と故郷を捨てるようなマネをしただろうか。私には自信がありませんでした。Tシャツの下でぷるぷると弾む梓の熟れはじめたバストに、思わず一瞬よからぬ欲望を感じてしまったことも、正直ないこともなかったのです。

畳の上で、すすっと梓は私ににじり寄ってきました。

「ね、洋次が体弱いの、知ってるでしょ？　ここだけの話、アッチもてんで弱くて……だから子どももも出来ないし。それにもう何年もあたし、してもらってないの。あんまりだと思わない？」

「だからってお前、俺たち、義理の兄妹だぜ。洋次にだって悪いし……」

口ごもる私がじれったくなったのか、梓は私の手をとって、喪服のスカートからのぞく、パンストに包まれた脚にふれさせました。

「あの人なら、もう寝ちゃったわ。バレやしないわよ。お願い、こんな機会でもないと俊一兄ちゃんには会えないし、思い出づくりに、一回だけ、しよ？」

梓は私の耳元に、熱い息を吹きかけます。

ここまで誘惑されては、もう私は理性を保てませんでした。気がつくと私は、梓のきゃしゃな体を畳の上に押し倒していました。

形のいい梓の唇をむさぼりながら、私は喪服に包まれた巨乳をわしづかみにします。

「うんっ。ああ、男の人にこんなんされるの、久しぶり……燃えちゃうわ」

私の口の中に舌を絡め返して、梓はさっそく息づかいを荒くしています。

そればかりか、自分から手を伸ばして私の股間をまさぐってくるのです。

「ふふ……兄ちゃんのも、もう硬くなってきてるじゃない」

「そりゃ、こんないい女と、しかも義理の妹と不倫しようってんだ。興奮するさ」

梓は体を起こすと、私のズボンを脱がしにかかります。

「見せて……俊一兄ちゃんの大きくなったの、見たい。お口でちゅぱちゅぱしてあげるから」

露出した私のペニスは、すでにフル勃起状態でした。ズル剝けになった亀頭は先走りでテラテラと輝き、まさに臨戦態勢です。

「ああん、すごい、おっきくてギンギン。こんなの、ひさしぶりに見る……」

梓はうっとりと、愛おしげに私の怒張をひとしきり眺め渡すと、おもむろに舌先で先走りの味見をします。

うっ。義妹の舌はねっとりと柔らかく、もう独身生活を長く続けている私にも久々の刺激です。私は思わず、童貞の少年みたいに大きく反応してしまいます。

「ああ〜、おいしい。おいしいわ、俊一兄ちゃんのおち○こ。味も香りも最高。はあ、こっちもナメナメさせてね……」

梓は私に大きく脚を開かせ、股間に顔を埋めるようにして、キンタマ袋から蟻の戸渡りまで、それはもうていねいにねぶってくれるのです。

「おおーっ、それ、たまんないよ。くぅーっ!」

あまりの快感に、私もつい下品な声が出てしまいます。相手が清楚な喪服姿の義妹というのが、またいっそう刺激的です。

「タマタマしゃぶられるの気持ちいい？　うふふっ、もうタマタマきゅって締まってきちゃって。棒のところもヒクヒクしてるよ……」

「す、すごいね、梓……うーっ、じょうずだよ。ち○こも、ち○こもしゃぶって……」

「あはっ、いいよ。じゃあ、こっちもね……」

梓の小さな唇が、ちゅぷっと私の勃起を咥え込んでくれます。

生暖かい唾液たっぷりの口の中で、梓の長い舌が亀頭を転がします。ゾクゾクする刺激に、私は思わずまたのけぞってしまいます。

頭全体を使って、梓は濃厚な口ピストンで私を責め立てます。

「ちょっ、ちょっと待って。そんなに勢いよくされたら出ちゃうよ、梓っ！」

「ふふっ、俊一兄ちゃんならいいよ。飲んであげる」

私のナニを唇で愛撫しながら、梓は淫らに微笑みます。

実を言えば私もけっこう長いことセックスはご無沙汰で、精液の備蓄も溢れんばかりでしたから、遠慮なく梓の厚意に甘えることにしました。

さっきよりいっそう激しくなった口ピストンに、私の股間の栓もあっさり弾け飛んでしまいました。

「もう無理だっ。ごめん、梓っ！」

びゅっ、びゅっ！　と力強く噴き出す精液を、梓はうれしそうに目を細めて受け止めてくれました。

義理の妹、しかも子どものころから知っている美人の口に精子をぶちまけている罪悪感が、射精の快楽をいつもの何倍にも感じさせてくれました。

宣言どおり、口いっぱいになった精液をごくりと飲み干した梓は、さらにどんよくな目つきで、私をじっと見つめます。

「あぁおいしかった、兄ちゃんの精子……ねえ、次は私のこといじめて……」

そう言って梓は、自分で黒いワンピースのボタンをはずし、するりと脱ぎ捨ててしまいます。

下着姿の梓は、想像以上のすごいプロポーションでした。細身のくせに、まちがいなくFカップはあるブラジャーから、たわわなふくらみがいまにもこぼれ出しそうです。黒いパンストに包まれたむっちりヒップも、振るいつきたくなるボリュームです。

言われるまでもなく、私は梓にむしゃぶりつき、引きむしるように下着を脱がせていきます。

パンストをビリビリと引き裂いてやると、梓は興奮して、それだけで「あっ、はぁんっ」と色っぽい悲鳴をあげます。もちろん、ぼくの荒々しい欲情もなおいっそう昂ります。

ブラをはずしてやると、ほっそりした体に不釣り合いな洋ナシ型の巨大な乳房が露出しました。白い肌に、薄紅色に突起した乳首がすごくいやらしいのです。

その豊かなおっぱいを両手で握ってやると、梓は全身をくねらせて喘ぎます。

「はうぅんっ……ねえ、梓のおっぱい、大きくていやらしいでしょ？　おっぱい、いっぱいいじめてぇっ」

「こうかい？　こうされるのが好きなのか？」

私はすでにコリコリになっている梓の乳首に、ゆっくりと舌を這わせます。

「んっ、はあっ……んーっ、いいけど、もっと、もっと痛いくらい吸ってぇ。強いのが好きなの……」

梓の変態じみたリクエストにこたえて、私は自分でも少し強すぎるかな……と思うほど思いきり乳頭を吸い立ててやります。

「あっ、あーっ！　そうっ。それがイイのっ！　すごく感じるぅっ！」

「梓、長いこと会わないうちにすっかりドスケベになったね。こんなふうに痛くされるのが好きなんだ？」

反対側の乳首を、指できゅーっとつねり、巨乳を釣り上げるほど引っぱってやると、梓は首を振り立ててさらになまめかしい声をあげます。

「あーっ、ご、ごめんなさい、兄ちゃんっ。梓、いじめられるの大好きな淫乱女になっちゃったのっ！　こうやって意地悪されるほど、おま◯まん濡れちゃうのっ」

あのなにも知らない中学生だった梓が、こんなにふしだらな熟女に成長するなんて……私は驚きながらも、ますます欲情していました。

私は梓の下半身に手を伸ばし、ボロボロのパンストの下に残っているパンティも剝ぎ取ります。

「あっ、あんっ、見ちゃやだ……梓のおま◯まん、もうビチョビチョだから恥ずかしいよ、兄ちゃん……」

口ではそんなことを言いながら、なんの抵抗もなく梓は大股を広げます。

私はその股ぐらに顔を入れ、義妹の割れ目を初めて目の当たりにします。

陰毛は少し栗色がかって全体に薄く、子どもを産んでいないせいか陰唇はあまり色素も載らず、ビラビラも小さくて形は実に清楚です。

しかしオナニーを常習しているのでしょう、クリは小豆《あずき》のように大きく包皮から突き出して、すでに勝手に薄く口を開けた大陰唇のすき間から、すこし濁った愛液がじゅくじゅくとにじみ出して止まりません。

「ほんとだ。梓のここ、もうぐしょ濡れじゃないか。ああ、下品だね」

「だって、もうおち○こが欲しくておかしくなりそうなんだもん……はああ、兄ちゃんにおま○まんじっと見られて、ますます興奮しちゃう……」

私は肉汁滴るメス肉にかぶりつきました。甘じょっぱい義妹のスケベ汁の味が口いっぱいに広がり、その香りと味だけで、さっき射精したばかりのち○こが再び勃起を始めたほどです。

「あっはぁーんっ。だめだめぇっ、あたしそれ弱いのぉっ。まんまん舐め舐めされたらすぐイッちゃうっ！」

たちまちよがりだす梓のアソコを、私はなおもむさぼりつづけます。ますます突起してくるデカクリを唇で吸いながら、ぱくりと口を開けている膣口に二本指を突っ込んでやると、梓は自分から骨盤を持ち上げ、ガクガクとわななかせるのです。

「あうっ！　あうっ！　ああイイっ！　気持ちイイよ兄ちゃんっ！　クリも中もすっごく感じるのっ！　あっ、あっ、イクっ！　イクーっ！」

白い太腿をピンとつっぱらせて、梓はたちまち絶頂に達しようとします。

その瞬間、私はクンニと手マンをピタリと止めてやります。

寸止めを食らった梓の悶絶ぶりは、まさにのたうち回らんばかりでした。

「いやあーっ！　だめだめやめないでぇっ！　もうちょっとでイクのぉっ！　お願い、兄ちゃん、イカせてっ！　おま○まんでイキたいのぉっ！」

「そんなにイキたいのか？　梓。だったら、兄ちゃんがち○こでイせてやる。ほら、もっとここが元気になるように、口でご奉仕しろ」

私はすでに八分勃ちになっているブツを、義妹の眼前に見せつけます。

「うん、お口ではむはむするぅ。俊一兄ちゃんのおち○こ舐めさせて……」

熱にうかされたような目つきで、梓は私のそこを口いっぱいに咥え、じゅぷじゅぷと音を立てて愛撫してくれます。

「あー、気持ちイイよ、梓。ほら、ち○こでまたお前のかわいい口をいじめてやる」

私は梓のMっ気をさらに刺激してやろうと、復活しかけたブツをぐいぐい梓の唇にねじ込み、ピストンしてやります。案の定、荒々しいイラマチオにとどのった顔をとろんとさせて、梓は私の行為をすべて受け入れてくれました。

「ほら、こんなことされるのも好きなんだろ？」

「んぐうっ。こほっ。うん、好き。もっとお口犯して……」

ひとしきり口ピストンを満喫した私は、フル勃起状態に戻ったそれを、梓に示してやりました。

「ほら、梓の口がいやらしいから、ち○こ、すっかりまたビンビンだ」

「うん、兄ちゃんのち○こ、もうカッチカチ……はああ、ねえ、お願い、入れさせて！　これいますぐ欲しいの、早く梓のスケベまんまんに突っ込んで、さっきみたいな濃いい精子ぴゅっぴゅって出してえ」

むくりと起き上がった梓は、逆に私をあおむけに押し倒すと、ビンと屹立したジュニアをつかんで、その上に跨ってきました。

「ああ、入れちゃうね、俊一兄ちゃんの……もうガマンできないからぁ……兄ちゃんも梓の淫乱まんまんで気持ちよくなってね」

驚く間もなく、梓は騎乗位でずぷっ、ずぷっと私のそれを自分の亀裂に納めていきます。熱くとろとろにうるおった梓の膣が、硬くそそり立った私の分身を呑み込むほどに、私も猛烈な快感に思わず歯を食いしばってしまうほどでした。

「んんーっ、入ったあ。兄ちゃんのビンビンち〇こ……ああ、気持ちイイよお。ずっとこれが欲しかったの……ああ、きょうだいセックス最高ぅ」

そんな淫語を口走りながら、梓は私の上で激しく腰を使います。

梓がお尻を高く上げるたび、割れ目の中で私の硬直した粘膜がこすり立てられ、その快楽は言葉になりません。

「うおっ、すごいよ、梓ぁ……おおっ」

すっかり攻守を逆転された私は、みっともない声をあげて喘ぐばかりでした。

私の上にしゃがんだ梓も、巨乳を振り立て、口の端からつーっとヨダレを垂らして、狂ったようにヒップを上下させていました。

「あーっ、やっぱりイイわあっ。兄ちゃんのゴリゴリのおち〇こっ。おま〇まんえぐられてたまんないっ。大好き。大好きよ、俊一兄ちゃんっ」

逆ピストンを続けながらも、梓は私にすがりついて、濃厚なディープキスをせがんできます。私も梓の細い肩を抱き締め、舌を絡め合うと、ペニスの感度がさらにぐっと上がった気がします。

それとともに、睾丸がぎゅっと収縮し、二度目の射精欲求がむずむずと高まってきてしまいます。さすがに弟の嫁にナマ中出しはまずい。

「やばいよ、梓……そんなに動かれたら、俺、出ちゃいそ」

「いいよ、兄ちゃん。あたしも、さっきからイキっぱなしだからぁ、兄ちゃんも好きなときにイッて……平気だから、そのままおま◯まんに精子出して」

ほんとにいいのかよ……いまさらながらうしろめたい思いもありましたが、それよりなにより、そのときの私はもう快楽に溺れ、抑えがきかなくなっていました。

私の弱みにつけ込むように、梓はますます腰の動きを激しくしてきます。

「もうだめだっ……で、出るぅっ！」

「あたしも、あたしもイクうっ！ いっしょに、いっしょだよ、兄ちゃんっ！」

堰《せき》を切ったように、私のジュニアから白濁が梓の子宮に流れ込みます。

「ああ……ああ……俊一兄ちゃんが、あたしの中でぴゅくぴゅくしてる……うれしい。うれしいよ。ああ……」

そのあと、私は郷里で三日ほど過ごしました。

言うまでもなく、毎晩、梓が布団にしのんできて、私たちは獣のように交わりました。もちろんコンドームなど着けずにです。

私は臆面もなく、梓の中に思う存分射精しまくりました。

東京に戻ってふた月たたないころ、梓から「妊娠した」と連絡がきました。

一瞬ドキリとした私ですが、梓はひょうひょうとこう続けてきました。

「心配しないで、認知しろなんて言わないから。洋次とあたしの子どもとしてちゃんと育てるし、洋次もお義母さんも納得ずみよ」

もしかして実家の連中、初めから計算づくで、私の精液で梓が子宝を授かるよう今回のことを仕組んだのかな。そんなふうにも思います。特におふくろは、どこの馬の骨ともしれない男よりは、血のつながった長男である私の種のほうがマシだと考えそうな性格です。

梓からのメールは、こんなふうに終わりました。

〈赤ちゃん産まれたら、絶対会いに来てね。ついでにそのとき、二人目も仕込んじゃおっか。いまでも俊一兄ちゃんのおち○こ思い出すと、おま○まんが疼いちゃうから……〉

第四章

背徳の肉悦を求める果てなき女の淫欲

背徳の相姦体験――
田舎に残る禁忌と秘習

事故で夫を亡くした姉が弟に見せた熟れ切った肉体と匂い立つ牝の淫臭

中西茂雄　漁師・四十歳

未亡人には夜這いをかける。

私が生まれ育った漁村にそんな風習があるということは、噂に聞いたことがありました。

戦争末期になると、こんな村でも成人男性はみんな兵隊にとられ、戦後は未亡人がすごく増えたそうです。そういった悶々とする女性を救済するために生まれた風習のようです。もともと何も娯楽がなくてヒマなときはセックス以外にすることがないようなところでした。だから結婚して性の喜びを知った女性を放っておくことはできないということで、そんな時代錯誤な習慣が生まれたのでしょう。

当時はいわゆる高度成長期と呼ばれるころで、都会では大きな時代の変化を迎えていたのだと思いますが、地方の小さな漁村には変化の波は押し寄せてきません。それもあって、夜這いなどという古色蒼然《こしょくそうぜん》とした風習がずっと息づいていたというわけです。

戦中から戦後にかけて村の男たちは満月の夜になると未亡人の家を訪れ、精力の限りを尽くして奉仕する。それが当然のことのように行われていたようです。そんなの嘘だろうという人もいるかもしれません。でもほんとうです。

じつは、なんと私の姉が、その夜這いの標的にされたのです。いまとなっては、まるで夢のような話です。

姉の夫は腕のいい漁師だったのですが、若い見習い漁師をかばって事故に巻き込まれてしまいました。そのころの私は遠い都会で就職していたのですが、もちろん葬儀に駆けつけました。

葬儀はしめやかに行われましたが、終わってから、村にはひそかな興奮状態がただよっていました。

「久しぶりに俺たちの出番だな」

「おれたちががんばって、死んだ旦那のことを忘れさせてやらなきゃのう」

男たちは老いも若きもそんな身勝手なことを話し合っていました。それを小耳にはさんだ私は、姉が夜這いの標的になっていることを知ったのです。

姉は私の二歳年上ですから、当時は四十二歳です。弟の私が言うのもなんですが、こんな田舎には珍しい「いい女」でした。

久しぶりに会った姉は四十路過ぎてますます魅力的になっていました。それが旦那さんを失って欲望をもてあますとなると、男たちの卑猥な妄想をかき立てたのでしょう。標的にはピッタリでした。

このままでは姉が汚《けが》される。久しぶりに姉に会って、そう確信しました。そう思うと、なぜか私の中の「男」の部分が奮い立ちました。姉を守ろう。そう決心したのです。

じつを言えば、姉は幼いころから私のあこがれでした。最初に「女」を意識したのは姉だったし、思春期のころには姉のパンツを盗んでオカズにしたことも一度や二度ではありません。風呂や便所をのぞいたこともあります。私にとって姉は、そんな存在だったのです。だから、いくら風習とはいえ、村の男たちの餌食《えじき》になるなんて絶対に許せません。姉を守ることは弟である自分の使命だと思いました。

姉は港の近くにある村唯一の食堂で働いていました。美人なのにテキパキ働く看板娘というか看板熟女といった存在でした。以前から漁師たちのセクハラまがいのちょっかいはあたりまえだったのです。

私は葬儀の翌日、その食堂を訪れました。旦那が死んだばかりだというのに姉は律儀に店をやっていました。私が行ったときは、ちょうど閉店時間で、のれんを片づけている最中でした。

「どうしたの、こんな時間に。もう閉店だよ」

「べつに飯を食いに来たんじゃないよ」

驚く姉に私は夜這いのことを話しました。そして自分が絶対に守ってやると宣言したのです。すると姉はプッと吹き出して笑いました。

「血相を変えてやってきたと思ったら、そんなこと考えてるの」

「笑いごとじゃないよ。みんなが話してるのを聞いたんだよ」

「そんなの冗談に決まってるじゃない。そりゃ昔そんなことがあったのは私も知ってるけど、でもいまの時代にそんなことあるわけないでしょう。まあ、心配して来てくれたのはうれしいけどね」

子どものころと変わらない優しい姉の顔に、私は少しホッとしました。そして言われるがままに、食堂の奥の部屋に上がりました。姉には二人の子どもがいましたが葬式の晩から母親のところに預けていて不在です。狭い部屋の中に私は姉と二人きりになりました。

「あんた、私を守るなんて言ってるけどねえ」

姉はなおも笑いました。

「あんただって、子どものころは私のパンツでオナニーしたり風呂をのぞいたりしてたでしょう。私、全部知ってるんだからね」

驚きました。さっきまでカッコよく立ち回っていたのに、立場がなくなって私はすっかり打ちのめされました。

「大丈夫だよ、自分の体くらい自分で守るから心配しないでよ。それより、あんたのその気持ちがうれしいよ。旦那が死んでも私にはあんたがいるんだね」

姉は店じまいして、入り口に鍵をかけると、また戻ってきました。それから子どものころのことや、これからどうやって生活していくのかということをしみじみと話していました。そして気がついたら、姉は私に顔を近づけていました。熱い息が顔に当たっていたのを覚えています。何が始まるんだろうと思いました。

「でも確かに、旦那が死んだら、あんた以外にはもう誰にも頼れないもんね。頼りにしてるからね」

「う、うん、任してくれよ」

「ありがと」

次の瞬間、私は唇を吸われていました。思ってもなかった姉の行動に驚きましたが、それでもキスだけで自分のペニスが一気に昂るのがわかりました。なぜか中学時代にかいでいた姉の下着の濃厚なにおいを思い出しました。

姉はそのまま口の中に舌を入れてかき回してきました。姉も欲求不満なんだと思いました。それくらい情熱的でした。

「姉ちゃん、なんだよ、これ」

「あんたの気持ちがありがたいから、これは特別サービス」

「え、こんなことしていいの?」

「いいよ、夜這いされておもちゃになるくらいなら、あんたとしたいよ」

そのまま姉はねばり着くように舌を入れてきました。口の中でヌメヌメと動く舌の熱さを感じただけで、私は激しく勃起していました。

「恥ずかしいけど、ほんとうの私を見せてあげる。これから、すごくいやらしいことをするから、お前はジッとしてて」

耳を舐めながらささやくと、姉は私の服を脱がせました。姉の前で全裸になるなんて想像もしてなかったのでとまどったのですが、最後にパンツまで脱がされたとき、姉に「もうビンビンじゃないの」と言われて決心しました。姉が求めるのだから、言われたとおりにしてればいいんだ。そう決めたのです。

素っ裸になって横たわった私の体を姉が舐め回します。唾液でベトベトにさせられながら、私はウットリしていました。

「久しぶりに味わう男の体、たまんないよ」

そんなことを言いながら、姉は私のペニスの根元を握りしめました。

「これがあんたのイチモツなんだね。私のパンツでオナニーしてたイチモツに今日は私からお返しするからね」

姉はそれを口に含みました。熱い舌がからみついてきて、音を立てて舐め回してきます。自分の姉にフェラチオされていると思うと、それだけで腰がくねくね動いてしまうほど興奮しました。

「いやらしいね、先っぽから何か出てきたよ」

そんな卑猥なことを言いながら、姉は私の体を味わうように舐め回してきます。

そのときの熱い舌づかいをいまでもよく覚えています。

「おいしい、全部舐めちゃおう」

まるで子どものようにそう言いながら、先端を音を立てて吸い上げてきます。

「私、こっちも好きなんだ」

そう言いながらタマにも舌をからませてきたり、もう姉はやりたい放題です。

そのテクニックに身をまかせながら、姉はすごくセックスが好きなんだなと思いました。そう思わせるほどのどんよくさだったのです。

しかも、それだけではありません。

姉はそのまま全身を舐め回し、さらに尻の割れ目にも顔を埋めてアナルまで刺激してきました。さすがに私も驚きました。

「そ、そんなことまでしてくれるんだ」

「だって、男の人も、ここ感じるでしょう？　旦那は好きだったよ。あんたは嫌い? 感じないの?」

「そんなことないよ、すごく気持ちいいよ」

私は素直にそう答えるしかありませんでした。

すると姉は私を四つん這いにして、後ろから尻の割れ目を舐めだしました。思いがけない大胆さに私はすっかり面食らってしまったのですが、アナル舐めされながらペニスをしごかれていると、それまで味わったことのないような快感が広がるのを感じました。もうずいぶん前のことなのに、その感覚をいまもはっきり覚えてるのが不思議です。

そのままでは姉に尻責めされながら射精してしまう予感がしました。硬くとがった舌先がアナルの奥まで刺激してくる感覚は、それほど気持ちよかったのです。でもそれで射精してしまっては、さすがに男として情けないと思ったので、今度は体を入れ替えて私が姉の体を責めることにしました。

脂が乗り切ったというのでしょうか、程よい肉づきの姉の肉体はとてもいやらしくて欲情させてくれました。少年時代にはいつも想像ばかりだった姉の裸がいま、目の前にある。そう思うだけで先走り汁が垂れてきそうでした。

乳輪は思ったよりも大きく、でも色は茶色ではなくてピンクに近くてきれいでした。陰毛はビッシリと多毛だと思っていたのですが、じつはすごく薄くて割れ目がはっきり見えていました。でもそのかわり、クリトリスはやや肥大していて、割れ目から飛び出ていました。もしかしたら姉はオナニー常習者だったのかもしれません。

最初は前から豊満な乳房やクリトリスを舐めまくり、味わいました。初めて舐め回す姉の肌は、まさに吸いつくようでした。

やがて私は、姉が私にしたのと同じように姉を四つん這いにしました。

姉のお尻は昔から大きくてムッチリしています。それは変わらないのですが、初めて見る姉のアナルはキュッと引き締まっていて色もきれいでした。姉のアナルのことはいまでもはっきりと目に焼きついています。

姉のまねをして後ろから尻の間に顔を埋め、舌先でそのアナルを刺激しました。一日働いたあとなので、そこは卑猥なにおいがただよっていましたが、それも姉が私のためにわざと残してくれたにおいのように思えました。私はそのにおいをたっぷり吸い込みながら舌先を動かしました。

アナルを舐めながら指でクリを刺激すると、姉は大きな声で喘ぎまくり、ますますお尻を私の顔にこすりつけてきました。ものすごく感じているのがわかりました。舐めるほどにお尻を突き上げ、背中をそり返らせて、ものすごい声をあげました。そして信じられないことに姉は、そのままクリとアナル責めで一度イってしまったのです。

「ごめん、イっちゃった。私、お尻が弱いんだよね」

姉は恥ずかしそうに告白しました。

「へえ、意外だな。でもかわいいね」

「そんなこと言わないで、恥ずかしいじゃない。でも私たち、姉と弟で肛門まで舐め合う仲になっちゃったね」

そんな露骨な言い方をされて、私は自分のモノが再び激しく興奮するのを感じました。姉は自分が思っていたよりもはるかに淫乱なのかもしれない。そのときそう思いました。もちろんそれは失望ではなく、私にとってはうれしいことでした。

でもそのときは、それで終わりだと思っていたのです。

「ねえ、ここまでやったんだから、いいよね」

「え？　何のこと？」

私はとまどいました。何のことかはわかっていましたが、しかしそこまでいっていいかどうか不安だったのです。

「わかってるくせに。ね、いいでしょ？　あんたも度胸決めなさいよ」

そこまで言われると、さすがに断れません。

「わかったよ。そこまで言われたら仕方ない。どうせいまでも夜這いの風習があるような土地なんだし、ここでぼくたちが一線を越えても問題ないよね」

それが理屈になっているかどうかわかりません。でも、そうやって自分を納得させるしかありませんでした。

「だったらさ、前から入れて」

私は姉の体におおいかぶさりました。そして男性自身を握り締めると先端を姉の体にあてがいました。

もちろん私は童貞ではありませんでしたが、それは初めてセックスしたときよりもはるかに緊張する瞬間でした。でも、ここまできたら、もうあとには引けません。超えてはいけない一線を越えてしまう、その迷いを振り切るようにして思いきり突き刺しました。

一度達している姉の体は十分に濡れていて、私のモノを一気に奥まで迎え入れてくれるのを感じました。

「ああ、すごい！　これがあんたのイチモツなんだね」

姉は歓喜の声をあげました。口元が笑っていました。姉が喜んでいると思うと、私のほうもよけいなことを考えずに動くことができました。姉にグイグイ締めつけられながら私はゆっくりピストンを始めて、やがてピッチを上げていきました。お互いの息づかいが速くなっていき、出し入れの動きも速度を増します。姉が私の体を力いっぱい抱き締めてくるのを感じながら、それまで経験したセックスでは味わったことのない幸福感を感じていました。

正常位でつながったまま何度もキスをして舌を絡めました。私のモノは熱い愛液にまみれていました。まるでお湯の中に突っ込んでいる感触でした。

このままでは姉の中に発射してしまう、そう思ったとき、姉が上擦った声をあげました。

「ねえ、今度は後ろからして」

姉はそう言って再び四つん這いになりました。溢れ出た愛液でたっぷり濡れたアナルがヒクヒクうごめいています。それを見ながらバックから挿入しました。さっきとは微妙に違う感覚で締めつけられて、新しい快感が広がりました。それは姉のほうも同じだったみたいで、さらに大きな声をあげています。それだけではありません。

「ねえ、お願い、お尻もさわって。アナルもいじってよ」

大胆な言葉にすっかり興奮した私は、バックでピストンしながら指先でアナルをいじくりました。そこは十分に濡れてるので、さわってるうちに指先を呑み込みはじめました。気がつくとアソコにはペニスを咥え込んだままアナルには指がズッポリ入っています。生まれて初めての経験に私はすっかり興奮しました。

「すごい、二つの穴に入ってるよ」

「それ好きなの。お願い、動いて、ねえ、狂わせて!」

そう叫びながら姉も激しく腰を動かしています。

まさか姉がそんな狂態を見せるとは思いませんでした。私もすっかり興奮してしまい、力強く出し入れしながら指を動かしてお尻をかき混ぜました。自分の姉がアナルに指を突っ込まれて感じまくってる姿なんて、それまで想像もしませんでした。私のほうも完全に舞い上がってしまって頭がボンヤリしていました。

「ああ、だめ、こんなことされたら、もう私、ダメになるよ」

やがて姉はわけのわからないことを口にしはじめました。それは最後の声でした。前後の穴を責められながら完全に理性を失い、いつもの姉とは別人になっていました。そんな姉の姿を見ながら私のほうも一気に追い込まれてしまいました。

「イクよ、出すからね」

最後はもう何を言ったか覚えていません。全身を痙攣させながら達した姉を見ながら、私のほうも豊満なお尻にたっぷりと射精したのだけは記憶にあります。それは生まれて初めてといってもいいほどの快感でした。そのあとはお互いに照れくさくて、しばらく顔を見なかったと思います。

結局、それをきっかけにして、私と姉はその後も何度かそんな関係を続けました。回を重ねるごとにお互いに求めることがエスカレートしていき、かなり変態なプレイもしてしまいました。最初はためらいもあったのに、いつの間にか自分の欲望を素直に言い合える関係になっていたのです。

もちろん姉は夜這いされませんでした。そして、村のそんな風習もいまではすっかりなくなってしまいました。ようやく時代の波が村に押し寄せてきたのです。

姉と私はいつしか年をとり、最近はもう会うこともめったになくなりました。でも、もし会えば、お互いにまた欲望に火がつくのではないかと思います。それを避けるためにいまは会わないようにしているのですが、いや、わかりません。いつかまた久しぶりに再会して、欲望の限りを尽くすのではないかと思うのです。

未亡人の私に夜這いをかけてきた義父 息子が寝ている横で禁忌の絶頂情交

保坂尚美　兼業農家・四十三歳

私は青森県の山村に住む四十三歳のシングルマザーです。

夫が事故で他界したのは、もう十年以上前です。忘れ形見の一人息子は、十五歳の中学三年生になりました。

私は縁あって秋田県からこの村に嫁いできたんですが、私の実家は兄の家族が継いでいるので、夫が亡くなっても実家に帰るわけにはいきませんでした。それに夫が一人息子だったので、義理の両親を二人きりにするのも心苦しかったんです。

義父母は代々受け継がれた田畑を守って、農業をやっていますが、さほどの収入にはなりません。

私が農協の事務職員をやってなんとか人並みの生活をしています。

まず信じられなかったのは、夫が亡くなって半年ほどたったときでした。義理の父が、まだ幼かった息子といっしょに寝ていた私の布団に、忍び込んできたんです。

「どうしたんですか?」

驚いた私が体を起こしてたずねると、向かい合うようにして座って、私の太腿をなで回しながら義父が言うんです。

「まだ若いんだから、体がさびしいだろう」

私は驚きのあまり、どうしていいかわかりませんでした。

「これはなにも変なことじゃないんだよ。この地域には、ちょっと前まで『夜這いの風習』が残ってたんだ」

「……夜這い?」

「そうだ。もう大人になっているのに、相手のいない女を抱いて気持ちよくしてやるのは、この村の男の役目だったんだよ。最近はいろいろ世間の目がうるさくなってきて、その風習はすたれてしまったけど、かわいい嫁さんが熟れた体を持てあましているのを見てると、俺はなんとかしてやりたくてたまらなくなってしまうんだよ。ほら、尚美《なおみ》さん、遠慮しなくていいよ。俺はあんたの義理の父親なんだから」

太腿をなで回していた義父の手が、私のお尻のほうに移動しました。それと同時に体を近づけてくるんです。

そして今度はお尻をなで回しながら、すぐ近くからじっと見つめてきました。

「おお……いい尻だ。このムチムチの体……たまらんよ。これを誰にもさわらせないでいるなんて、もったいないとは思わないか?」

卑猥な言葉を投げかけられて、私は体が熱くなってしまいました。夫に先立たれてから、こうやって男に体をさわられるのは初めてのことです。

それに、義父は夫の父親ですから顔も似ていて、私の好きなタイプなんです。

だからでしょうか、私は口づけを受け入れてしまったんです。

二人の唇がつぶれるほど強く押しつけられ、その唇をこじ開けるようにして義父の舌が私の口の中に入ってきました。

そして私の舌を舐め回すんです。

義父のキスはとてもじょうずで、私は体の力が抜けていき、そのまま布団の上にあおむけに倒れ込んでしまいました。

それでもキスは終わりません。

さらに私の舌を舐め回し、唾液をすすり、流し込み……といったいやらしいキスを続けながら、パジャマの上から胸をもみはじめました。

すでに乳首が硬くとがり、パジャマとこすれて、それがまた気持ちいいんです。

横目で隣を見ると、息子は気持ちよさそうに寝息を立てています。

まだ小さいので、もしも目を覚ましたとしても、そこでなにが行われているかはわからないはずです。

義父もそう考えたのでしょう。唇を離すと、私のパジャマのボタンをはずしはじめました。

そして、がばっと左右に開きました。

「あぁぁん、ダメです……」

私はとっさに胸を両手で隠しました。眠っていたので、もちろんブラジャーはしていません。

いままで性の対象として見ていなかった身内の男性に胸を見られるのはすごく恥ずかしいんです。

もちろん義父はそんなことは許してくれません。

「ダメだよ、尚美さん。あんたのオッパイをよく見せてくれ。俺はあんたがこの家に嫁に来たときから、ずっとそのオッパイを見たいと思っていたんだ」

両手で私の両手首をつかむと、義父はそれを私の顔の横に押しつけ、胸を剝き出しにしました。

「……恥ずかしいです」

「なにを言う。すごくきれいだ！ 大きさもすばらしい。感触はどうかな？」

両腕を押さえつけたまま、剝き出しになったオッパイに義父が顔を近づけてきました。

そしてそのまま、私の胸に頬ずりするように顔を押しつけました。

ヒゲの剃り跡が乳房にチクチクするのですが、そのチクチクが、夫がオッパイに頬ずりしたときの感触を思い出させるんです。

やっぱり父と子だけあって、することが似ています。夫もよくこうやって乳房

めました。
義父は私の両腕を押さえつけて磔《はりつけ》状態にしたまま、乳首をチロチロと舐めはじ
のが当たるんだよね。ここを舐めてほしいってことなのかな?」
「尚美さんのオッパイ、すごく弾力があって最高だよ。だけど、俺の頬に硬いも
に頬ずりしたものでした。

「あはっ……いや……くすぐったいです。あああ、お義父さん、やめてください。
はあああん……」
途中から私の声は喘ぎ声に変わってしまいました。私、乳首を舐められるのに
弱いんです。
だから夫はよくそうやって舐めてくれたのですが、まるで夫からそのことを聞
かされていたかのように、乳首を舐め転がし、チュパチュパ吸い、前歯で軽く嚙
んだりするんです。
それはほんとうに気持ちよくて、私は途中からはもう抵抗するのもやめて、義
父に乳房を差し出しつづけました。
そうやってしばらく乳首を責めつづけると、義父は不意に満足そうに言いまし

た。

「ほお……もう乳首がカチカチだ。尚美さんは感度がいいんだね」

「そ……そんな……」

「恥ずかしがらなくてもいいよ。俺だって、もうカチカチなんだから」

そう言って布団の上に立ち上がると、パジャマと下着を脱ぎ捨てて全裸になりました。

当時、義父はすでに六十歳近い年齢でしたが、農作業で鍛えた体は逞しくて、それに股間にそそり立つペニスが若い男のもののように力をみなぎらせているんです。

そそり立つそれはかなりの大きさでした。夫も大きいほうでしたが、それ以上です。

そんなに男性経験はありませんが、私がいままでに見たペニスのなかではいちばんの大きさでした。

「すごいです。お義父さんの……すごく大きい……」

「うん。尚美さんがエロいから、俺のペニスはこんなになっちゃったんだよ」

義父は私に見せつけるように、手をふれることなくペニスをビクンビクンと動かしてみせました。

「はあぁ……なんていやらしい動きなの」

私はゴクンと喉を鳴らして生唾を呑み込みました。それを見て、義父はにやりと笑いました。

「ほら、しゃぶっていいんだよ。俺は息子の代わりなんだから、遠慮はいらないからさ」

「わかりました……失礼します。はあっうぐぐ……」

仁王立ちした義父の前に膝立ちになり、私はパンパンにふくらんだペニスを口に含みました。

そして口の中の粘膜で締めつけながら、首を前後に動かしはじめたんです。

「うう……すごい！　尚美さんが俺のペニスを咥えてるなんて……すごくエロいよ。尚美さん、フェラをしながら自分でオッパイをもんでごらん」

「はぐぐ……うぐぐぐ……」

もう義父の言葉には逆らえません。私はペニスを口に咥えたまま、両手で乳房をもみしだきはじめました。

口をペニスでふさがれた苦しさと、自分の手でもむ乳房の気持ちよさが体の中で混ざり合い、ますます興奮してしまうんです。

いつしか私は口の端からよだれを垂らしながら、夢中でペニスをしゃぶりつづけていました。

すると苦しそうな声で言うんです。

「だ、ダメだ。そんなに激しくしゃぶったら……も……もうやめてくれ……」

そして私の口の中からペニスを引き抜きました。

そのとたんペニスが勢いよく頭を跳ね上げ、義父の下腹に当たって大きな音が響きました。

息子が目を覚ますのではないかと心配になるぐらいの音でしたが、横を見ると、相変わらずかわいい顔で寝息を立てつづけていました。

息子は眠りが深く、いつも朝まで絶対に目を覚まさないんです。

手のかからない子でよかった……と思いながら義父のほうを見ると、唾液まみれのペニスがまっすぐに天井を向いたまま、ピクンピクンと細かく痙攣しているんです。

「あぶなかったよ、尚美さん。もうちょっとでイクところだった。この年になると、そう何回も射精できないからな」

「ごめんなさい」

とっさに謝りましたが、義父の射精は私のアソコのためにとってあるという意味だと気づき、体がカーッと熱くなりました。

「さあ、尚美さん、今度はあんたの恥ずかしい場所を見せてくれ」

義父はそう言うと私のパジャマと下着を剝ぎ取り、両膝の裏に手を添えてグイッと押しつけてきました。

「ああん、いや……」

布団の上でオムツを替えてもらう赤ん坊のようなポーズにされ、恥ずかしい場所がまる見えです。

「ああ、なんてきれいなんだ。子どもを産んだオマ○コとは思えないよ」

「あぁぁん、そんなに見ないでください」

そう言いながらも、私は手で隠そうとはしませんでした。それは、これから自分が受ける強烈な快感を期待してのことです。

その期待どおり、義父は私のアソコに口づけしてくれました。そしてペロペロと割れ目の間を舐め、ズズズ……と音を立てて愛液をすすり、さらにはクリトリスを舌先で転がしはじめたんです。

夫が亡くなってからは、たまにオナニーはしていましたが、こうやって舐められたのはほんとうに久しぶりのことだったので、自分でもびっくりすぐるぐらい感じてしまいました。

「あああん、お義父さん、そこは、はあっ……だ……ダメですぅう……」

もちろんそれは、もっと舐めて、というお願いの言葉です。そのことに気づかない義父ではありません。

義父はさらに激しくクリトリスを舐め回しつづけました。

ムズムズするような思いが体の中に充満し、すぐに限界に達しました。

「あっ、ダメ。あああっ……ダメダメダメ……あああん、イク〜！」

ビクン！　と体が跳ね、クンニしていた義父を弾き飛ばしてしまいました。

「……尚美さん、イッたのか？」

体を起こした義父は、ぬらぬら光る唇をぺろりと舐めて言いました。

「……はい。イッちゃいました。だけど、まだ奥のほうがムズムズしてて……」

「よし。こいつでスッキリさせてやるよ。ほら、もう一度、股を開きなさい」

「あああん、お義父さん……」

私は自ら両膝を抱えて、濡れぬれになった陰部を義父に向けました。

「おお……いい具合にとろけてるな。もうオマ○コの穴がパックリ開いて、誘うようにヒクヒクしているぞ。こいつは気持ちよさそうだ。さあ、いま、入れてやるからな」

義父はペニスの先端を私のアソコに押しつけました。すると、クプッという音とともに、亀頭がアソコに埋まるのがわかりました。

「はあぁぁん……お義父さん……気持ちいい……」

「ん？　これでいいのか？」

「ううん。もっと奥まで……奥まで入れてくださっひいいいいん！」

私が言い終わる前に、ペニスを一気に膣の奥まで挿入してきたんです。

「おおおお……狭くて、温かくて、ヌルヌルしてて、すごく気持ちいいぞ」

そんなことを言いながら、膣奥をズンズンと突き上げてきます。

自分の指を使ったオナニーでは絶対に届かない奥を刺激されて、私は頭の中が真っ白になるぐらい感じてしまいました。

「あっ……イク！」

さっきクンニでイッたばかりだったからか、私の体は異常なほど敏感になっていて、またすぐにイッてしまったんです。

と同時に、膣壁がキュ〜ッと、きつく締まるのがわかりました。

今度は義父が苦しそうにうめく番です。

「うううう……す……すごく締まるよ、尚美さん。あううう……」

義父は私の上におおい被さって唇を重ねると、舌をねじ込んでディープキスをしながら、激しく腰を前後に動かしはじめました。

「はぐぐっ……うぐぐっ……」

上と下の口を同時にふさがれ、私は義父にきつくしがみつきました。

そうやってきつくしがみつけばしがみつくほど、膣壁がペニスを強く締めつけるようです。

それが気持ちいいらしく、義父の鼻息がどんどん荒くなっていくんです。

「おおおっ……尚美さんのオマ〇コ……。うぅう……すごく気持ちいいよ。ああ……感じてる色っぽい顔をもっとよく見せておくれ。きれいだ！　うぅう……尚美さんの感じてる顔……すごくきれいだよ」

義父は間近から私の顔を見つめながら、まるで二十代の若者のような勢いでペニスを抜き差ししつづけました。

さっき私のフェラチオで射精寸前まで高まっていたのです。そんなに激しく抜き差しして平気なわけはありません。

義父の顔が不意に苦しげにゆがみました。

「も……もうダメだ。尚美さん……うぅう……もう……もうイキそうだ」

そう言いながらも、腰の動きを弱めることはできないんです。それぐらい私のアソコが気持ちいいということです。

義父がそんな状態になっていることが、私はうれしくてたまりませんでした。

それに、そり返ったペニスの先端が膣壁をゴリゴリとこすり上げ、私のアソコがグチュグチュと鳴ります。

そして私の体の奥から、絶頂の予感がズンズンと込み上げてくるんです。

夫が亡くなり、もう二度とこんな経験はできないと思っていたのに……。

夜這いってすばらしい！　そんなことを思いながら、私はいやらしい声を張りあげつづけました。

「あああん、お義父さん、我慢しないでイッてください。はあぁあっ……私も……私もまたイキそうです」

「ううう……尚美さん……いいんだね？　イッてもいいんだね」

二人の体がぶつかり合って、パンパンパンと大きな音が響きます。

さすがに息子が目を覚ますのではないかとハラハラしましたが、それがまた背徳の思いを私に与え、肉体の反応がさらに激しくなるんです。

「ああっ……もう……もうイク……イクイク……イッちゃううう！」

「お……俺も！　おおうっ！」

ズンとひときわ強く膣奥を突き上げると、義父は体を起こしてペニスを引き抜きました。

そして右手で数回上下にしごくと、ペニスの先端から白濁した液体が、私のへソのあたりから胸にかけて勢いよく迸り出ました。

なつかしい精液のにおいをかぎながら、私はうっとりと目を閉じました。

そんな私に義父が言うんです。

「尚美さん、最高だったよ。これからはときどきこうして夜這いをしてあげるから、再婚はしないでずっとこの家にいておくれ」

私は言葉を発する余裕もなく、ただうなずくだけでした。

その後も、義父との体の関係は月に二度ほどのペースで続きました。

夜這いの習慣があってよかったです。もしも義父がいなければ、私はどこかの悪い男につかまってしまっていたかもしれないとしみじみ思うのです。

初体験で味わった兄の激しいピストン
獣欲と化し淫罪を犯す罪な私の肉体

近藤和美　事務・四十六歳

都内の分譲マンションに夫と二人で暮らしています。子どもはいません。つくることができないのです。周囲に気づかれてはいませんが、夫は実の兄なのです。

私たちは東北の寂《さび》れた漁港の出身でした。戦後の水産発展にとり残された町で、私たちが生まれる以前から深刻な過疎化が進んでいました。

鄙《ひな》びた海の男たちにも海への畏怖《いふ》と信仰があります。私たちの村では「竜宮《りゅうぐう》さま」と呼ばれていました。どこもそうなのかは知りませんが、その漁村も竜宮さまの神託を都合よく解釈していました。

幼いころから、遊び友だちは二つ上の兄だけでした。仲はよかったのですが、ほかに歳の近い子どもが少ない集落だったというのが大きかったのです。

「和美《かずみ》、村長さんの話、聞いたか？」

ある日、畳の上の文机で勉強していた私に、兄が言いました。

村長さん、というのはその漁村でいちばん権威のある老人で、行政的に意味のある役職ではありません。私たち兄妹が皮肉っぽく呼んでいただけです。

「あのエラそうな爺さん？　知らない。またとんでもないこと言ったん？」

「ここ、人が減ってるやろ。増やすためになんでもせえ、と竜宮さまが夢に出てお叱りになったらしい」

英語の関係代名詞の勉強をしながら、失笑が洩れました。

「あの爺さんらしいわ。なんでも夢のお告げやねんな」

「笑いごとやないねん。なんでもせえゆうのは、男と女やったら誰でもええゆうことやぞ」

私の脇であぐらをかいていた兄がにじり寄ってきました。手を伸ばせば届くほどの近さです。身内なので警戒などはしていませんでした。

「おまえ、ええにおいするなあ」

「兄ちゃんかて。んふふ、おんなじシャンプー使ってるんやから」

交代でお風呂に入り、私も兄も薄い寝間着でした。

一拍遅れて、兄の言葉に違和感を覚えました。

「どういうこと？　男と女やったら誰でもええって」

振り返ると、兄はそれこそ息のかかるほどの近さにいました。

「つまり、こういうことやねん」

「え、ちょっと！」

兄は斜め後ろから私の肩に手を回し、軽く抱きすくめてきたのです。

「やめて。いま勉強中やから」

自分の発した言葉をいまでも鮮明に覚えています。いま勉強中やから。終わるまで待って、というニュアンスを無意識に込めたのだと思います。

「そんなん、あとでええ」

「待ってぇな。いきなり……」

少々強引に両手で抱き締められました。本能的に、男性の力にはかなわないと思い、抵抗する力をゆるめました。

「ちょっとぉ……冗談やめて。兄妹やのに」

「兄妹でも男と女や。あの有能な村長様はそうおっしゃってるんや」

「あほや、あいつ」

言い終える前に、兄に唇を重ねられました。

「シャレにならんわ。最初のキスが、兄ちゃんやなんて……」

こんなとき、妹はどうするものでしょうか。兄を突き飛ばし、大声を出して親に助けを求めるのでしょうか？

私はどちらもせず、泣きそうな苦笑いを浮かべるだけでした。

「俺は、前からおまえがちょっと気になっててん。かわいいからな」

「こわい兄貴や……」

一般的な反応ではないでしょうが、ちょっとうれしかったのを覚えています。

「和美、俺の布団に行こ」

兄は私のパジャマをつかみ、立たせました。

両親は出かけており、家には私たち二人だけでした。あとから考えると、兄はこのタイミングを待っていたのかもしれません。

あせり気味に廊下を進み自分の部屋に入る兄に、私はどこかシラケた気分でついていきました。全力で家から逃げることもできたのに、そうはしませんでした。

部屋の中央に兄が布団を敷いていました。

「サイアク。初体験が、兄貴やなんて……」

「サイアク言うな」

布団に横になる前に、兄は激しく抱きついてきました。息も荒げています。

「ちょっと、痛いやんか」

「ああ、和美、和美、和美……!」

渾身《こんしん》の男の力で抱きすくめられ、私は呼吸もできないほどでした。

パジャマの上から、お尻を乱暴になでられました。男の人の手って大きいんだ、と思いました。

「ちょっと、お兄ちゃん、落ち着こうな。待って」

「待たれへん」

早口で言うと、兄は私のパジャマのすそを持ち上げ、脱がしました。積極的に協力するつもりはなかったのに、私は自分からバンザイしていました。

パジャマのズボンに両手をかけられ、落とされました。パジャマの腰ゴムなどゆるいので、一瞬で足首まで落ちました。

兄は目の前で大急ぎで自分のパジャマも脱ぎました。やはりちょっとシラケた気分でした。

「ほら、見ろ」

兄は胸を張り、屹立したペニスを指差して見せつけてきました。その仕草が滑稽で吹き出したのを覚えています。

「和美、さあ、子どもつくろ」

冗談にしか思えないセリフを大まじめな声で言われると、けっこうな恐怖を覚えるものです。

兄に手首をつかまれ、くずおれるように二人とも布団に横になりました。

また兄に強くキスをされました。ブチュッと音が聞こえてきそうな下品で余裕のないキスでした。

「待って。お兄ちゃんのアレ、もっかい見せて」

私は自分でも意外な言葉を口にしていました。

「おう。よう見い。お前専用やぞ」

私は布団の中で体をズルズルと下げ、兄の股間と対峙《たいじ》しました。

勃起ペニスを見たのは初めてでした(それ以降、三十年あまり、兄のモノ以外のを見たことはないのですが)。

イケナイ雑誌などで、どんなふうなのかは知っているつもりでしたが、さすがに息を呑みました。想像以上に大きく、硬そうで、お腹にへばりついていました。

「妹を裸に剝いて、こんな大きくしてるん？　変態やん」

からかいめかした口調で言いましたが、私の顔も引きつっていたでしょう。

これを自分の性器に入れられるのかとこっそり息を呑みました。

「お前のも、よう見せてくれ」

あおむけにされ、反対に兄が私の性器に顔を寄せてきました。

「ちょっとぉ、恥ずかしいやん……」

強引に足首をつかんで脚を開かされました。

「ええっ？　いやっ、やめてっ、あああんっ！」

人生で出したことのない、高い声が洩れました。性器に甘くて強い刺激を受け、体じゅうに電気が走ったような衝撃を受けたのです。

実の兄が自分の性器を舐めている、その事実に気づき、忌《い》まわしさに恐怖を覚えました。同時に、もっと強くと私の内心と体は求めていました。

「ああ、うまいわぁ、和美のオマ〇コ」

兄らしい下卑《げび》た言い方に、また失笑が洩れていました。

兄が身を起こしました。

「和美、入れるぞ……」

さすがに声に緊張がこもっていました。

ああ、自分の乙女は、肉親の兄貴に奪われるのか、とちょっと切なくなったのを覚えています。

「ここか?」

兄がペニスの根元を持ち、先を私の性器に当てながら聞いてきました。

「そこちゃう。もうちょい下や……そう、そこ」

兄も初体験なのは聞かなくてもわかっていましたが、かわいそうなのでツッコまないであげました。

「んんっ！　ゆっくり、やってや」

なんとなく私のほうが手練れの経験者のような口調になっていました。

兄のペニスが、私の中に入ってきました。話に聞くような快感はさほどなく、もっと説明しにくいなまなましい実感でした。

「ああ、和美のオマ○コ、ぬくい……気持ちええわぁ」

多少の痛みもあり、私は顔をしかめ、声を殺していました。

「お前はどうや？　気持ちええのんか？」

実兄に犯されているというのに、あまりに間の抜けた気づかいの言葉で、腹筋が揺れるほど本気の失笑が洩れました。

「ええから早よ終わらせて」

我ながらドライな言葉が出たものでした。

兄がペニスの激しい出し入れを開始しました。

性器を中心に次第に体が熱くなってきました。最初に感じた電気のような未経験の刺激が体を巡ってきました。

「あんっ、いやっ……あああっ！　あかんっ、兄ちゃ――」

喉の奥から黄色い声をあげていました。

「和美っ、ええぞ、ええ声や!」

兄の口から腹の立つほめ言葉が飛んできました。

腰を振る動きが止まりました。

「よし、次は逆や。和美、うつ伏せになれ」

私が疑問を口にするより前に、兄が私の腰を両手にとり、上下ひっくり返されてしまいました。手際のよさに驚きました。

「兄ちゃん、初めてやないんか?」

「お前で六十八人目や」と兄は答えてから、すぐに否定しました。

「ウソや。お前が初めてや。すまんな」

安心と情けなさで、また失笑が浮かんだのでした。

兄が私の腰をとり、クイッと持ち上げました。

「お前のケツの穴もよう見えるわ」

「あかんて……」

手を回してお尻の穴を隠そうとしましたが、届きませんでした。

「大丈夫。そっちはまたいつかのお楽しみや」

怖いことを言って、兄は私の腰をしっかりつかみました。

またペニスが挿入されてきました。角度が違うせいか、私の姿勢のためか、最初よりもずっときつく、気持ちよく感じました。

「うおおっ……和美のオマ○コ、最高や！」

兄も腹の底から低い声で叫んでいました。

腰を大きな両手でがっちりとつかまれ、また激しい出し入れが始まりました。

「あああっ、兄ちゃんっ、すごいっ……！」

あまり清潔とは思えない兄の布団に横顔を押しつけ、気がつくと私は涙を流していました。

これがセックスなのか、と感無量になっていたのです。

こんなに気持ちのいいものなのかと。

兄の腰振りは振動に近い速さになっていました。

「兄ちゃん、あかん、私、壊れるっ……！」

膣奥のケガを怖れたわけではありません。強すぎる快感に、体がばらばらになりそうな恐怖を覚えたのです。

「兄ちゃん、待って、止めてっ」

への字のおかしな姿勢なのに、私は少々無理やりお尻を引き、兄の出し入れから逃れました。

「なんでや……?」

不満たらたらの兄からペニスを抜き、私はあおむけに戻りました。

うまく言えませんが、兄の言うままに人生最初のセックスを終えることに、何か憤《いきどお》りを覚えたのです。

「兄ちゃんが寝て。私が上から乗る」

情報だけで知っていた体位を試してやろうと思ったのです。

不承不承《ふしょうぶしょう》、兄は布団の上であおむけになりました。

私は大きく足を振って兄に跨りました。

兄の勃起ペニスを乱暴につかみ、立たせると、自分の性器に導きました。

「……お前こそ、頼もしい経験者みたいやぞ」

「私はお兄ちゃんで百八人目や」

多少開き直っていたのでしょう、冗談を言える余裕までありました。

兄の毒キノコの先を自分の膣口に当てると、ゆっくりと上半身を落としていきました。

「あああ、下から、来てる……」

上半身をまっすぐに立てながら、私も喉の奥から声を絞り出していました。

そのまま、私は上半身を上下に揺らしました。

「和美、すっかり腰を落として、石臼みたいに回してみろ」

先輩ぶった口調で兄が言いました。

「ああ、ええわぁ、これ。お兄ちゃんのが、中でグルグル回ってる！」

兄の両手が伸びてきて、私の乳房をつかみました。

「お前の乳、前からもんでみたかってん」

乳房を包み、もみ込んでくる兄の手を、私も両手で包みました。

耐えきれなくなり、そのまま上半身を兄の胸の上に倒しました。

ごく至近距離で目が合うと、私たちは同時に唇を重ねました。

「和美、俺が下から突いてええか？」

「ええよ。出したいんやろ？　アレ」

短い言葉の応酬でした。実の兄妹の業というのでしょうか、童貞と処女なのにすでに呼吸が合っていたのです。

一週間遅れで村に来るティーン向けの雑誌では、初めて同士のセックスはたいてい失敗する、などと書いてあったのです。

「んああっ？　あああっ」

下から兄が激しく突いてきました。

再び、体がいやらしい快感に包まれ、私は兄にしがみついていました。

「ああっ、和美っ、俺ら、相性ピッタリやっ！」

兄が怖ろしいことを叫びましたが、私も同じ考えでした。

兄に激しく突かれながら、何かこうなることが私たち兄妹の自然な流れのような気さえしていました。

「和美っ、出るっ、出るうっ！」

下腹部に、やかんで熱湯を注がれたような衝撃が走りました。

兄の射精は十回近く続いたと思います。

忌まわしい交わりなのに、私は幸福感に包まれていました。

「すまん、和美……出してもうた」

わびの言葉なんて聞きたくありませんでした。これが男性の賢者タイムなどと呼ばれる現象だというのは、ずいぶんあとになってから知りました。

「お兄ちゃあん……」

子どものとき以来の甘えた声で、私は兄にキスを浴びせました。

「なんや、お前泣いとるんか」

不安そうな兄の声で、私は初めて自分が泣いていることに気づきました。

射精後なのに、私たちは抱き合ったまま上になり、下になり、互いを激しくまさぐり合いました。

「私な、高校出たら東京行こ、思てんねん。父さんや母さんに言わんといてな」

誰にも言わなかったことをつぶやきました。

「俺もそうしよ思ってた。二人で東京へ逃げへんか」

両親には感謝していましたが、私たちよりも自分たち夫婦優先で、どこか愛情と信頼に疑問を感じていました。

卒業後、私たち兄妹は上京し、周囲を偽って同居を始めました。

家を代わるたび、最初はカップル、やがて夫婦として生活していました。

現在、都内のいわゆるタワマンに住んでいますが、都会人の関心の薄さに助けられています。

あちこち二人で旅行もしました。最初こそ、どこの旅館やホテルでも新婚さん扱いしてもらえましたが、いまでは熟年旅行か再婚旅行、または不倫旅行だと思われるようで、それがちょっと不満です。

◉読者投稿手記募集中！

素人投稿編集部では、読者の皆様、特に女性の方々からの手記を常時募集しております。真実の体験に基づいたものであれば長短は問いませんが、最近のSEX事情を反映した内容のものなら特に大歓迎、あなたのナマナマしい体験をどしどし送って下さい。

●採用分に関しましては、当社規定の謝礼を差し上げます（但し、採否にかかわらず原稿の返却はいたしませんので、控え等をお取り下さい）。

●原稿には、必ず御連絡先・年齢・職業（具体的に）をお書き添え下さい。

〈送付先〉
〒101-8405
東京都千代田区神田三崎町２－18－11
マドンナ社
「素人投稿」編集部　宛

◉新人作品**大募集**◉

マドンナメイト編集部では、意欲あふれる新人作品を常時募集しております。採用された作品は、本人通知のうえ当文庫より出版されることになります。

【応募要項】未発表作品に限る。四〇〇字詰原稿用紙換算で三〇〇枚以上四〇〇枚以内。必ず梗概をお書き添えのうえ、名前・住所・電話番号を明記してお送り下さい。なお、採否にかかわらず原稿は返却いたしません。また、電話でのお問い合せはご遠慮下さい。

【送付先】〒一〇一-八四〇五 東京都千代田区神田三崎町二-一八-一一 マドンナ社編集部 新人作品募集係

禁断《きんだん》告白《こくはく》スペシャル《すぺしゃる》 背徳《はいとく》の相姦《そうかん》体験《たいけん》——田舎《いなか》に残《のこ》る禁忌《きんき》と秘習《ひしゅう》

二〇二三年 九月 十日 初版発行

編者◉素人投稿編集部【しろうととうこうへんしゅうぶ】

発行◉マドンナ社

発売◉二見書房 東京都千代田区神田三崎町二-一八-一一
電話 〇三-三五一五-二三一一(代表)
郵便振替 〇〇一七〇-四-二六三九

印刷◉株式会社堀内印刷所 製本◉株式会社村上製本所 落丁・乱丁本はお取替えいたします。定価は、カバーに表示してあります。

ISBN978-4-576-23098-6 ◉Printed in Japan ◉©マドンナ社